발도르프 치유교육

아동·청소년기의 현대병을 예방하는 교육

A Healing Education
How Can Waldorf Education Meet the Needs of Children?

영어 원작을 한국어로 번역함

1판 3쇄 발행 2025년 3월 31일

지은이. 의학박사 미하엘라 글뢰클러 Michaela Glöckler, M.D.
옮긴이. 김훈태

발행인. 이정희
발행처. 한국인지학출판사 www.steinercenter.org
주소. 05659 서울특별시 송파구 마천로 76, 성암빌딩 5층
전화. 02-832-0523
팩스. 02-832-0526

기획제작. 씽크스마트 010-9377-0651
북디자인. 이정아

ISBN 979-11-968748-3-4 (03370)

잘못된 책은 구입한 서점에서 바꿔 드립니다.
이 책은 한국인지학출판사가 저자의 허락을 받아 2000년 초판본을 텍스트로 하여 번역, 출간한 것입니다.
이 책의 내용, 디자인, 이미지, 사진, 편집 구성 등을 전체 또는 일부분이라도 사용할 때에는 발행처의 서면 동의서가 필요합니다.

이 책은 사단법인 한국슈타이너인지학센터와 인지학 출판 프로젝트 2025의 후원으로 제작되었습니다.

후원계좌 | 신한은행 100-031-710055 인지학출판사

발도르프 치유교육

아동·청소년기의 현대병을 예방하는 교육

의학박사 미하엘라 글뢰클러 Michaela Glöckler, M.D.
김훈태 옮김

한국인지학출판사
KOREA ANTHROPOSOPHY PUBLISHING

머리말

이 강연집은 강연이 행해졌던 그대로 대화의 형태로 출간되었다. 글뢰클러 박사는 출간을 위해 강연의 원고를 검토하고 준비할 시간을 내지 못한 것을 유감스러워했다. 그러나 그녀는 가능한 빨리 강연 내용이 사용되기를 강력히 권고했다. 그녀는 녹음에서 중요하지 않은 몇 가지 항목을 수정했다. 우베 스테이브Uwe Stave 박사는 본문을 검토하고 영어로 된 의학 용어의 사용법을 명확히 했다.

원고와 삽화를 준비하는 데 도움을 준 아스트리트 슈미트-슈테크만Astrid Schmitt-Stegmann, 제니퍼 클라인바흐Jennifer Kleinbach, 펠리치타스 그라프Felicitas Graf, 위르겐 플린스파흐Jürgen Flinspach, 인건 슈나이더Ingun Schneider, 할리 본데Hallie Bonde에게 깊이 감사드린다.

J. B.

일러두기

1. 이 책의 각주는 모두 옮긴이의 것이다.

2. 발도르프 교육에서는 인간의 본성을 물질체, 에테르체, 아스트랄체, 자아의 4구성체로 파악하며, 이는 이 책 전반의 핵심 용어이다. 루돌프 슈타이너는 이를 다음과 같이 설명한다.

물질체

감각적 관찰이 인간에 대해 알아내는 것, 그리고 생명에 관한 물질주의적 견해가 인간 본질의 유일한 요소로 간주하려 드는 것이 바로 물질체(physischer Leib)이다. 그러나 정신 연구에서 인간의 물질체는 인간 본질의 한 부분, 한 구성요소에 지나지 않는다. 이 물질체는 물질의 본성과 동일한 법칙에 토대를 두고 있다. 이것은 소위 전체 무생물계와 동일한 물질적 소재와 힘들로 구성되어 있다. 따라서 정신과학은 이렇게 말한다. "인간은 이런 물질체를 광물계 전체와 공통으로 소유하고 있다." 그리고 정신과학이 인간에게서 물질체로 칭하는 그것은, 광물계에서 작용하는 것과 동일한 법칙에 따라, 동일한 성분으로 혼합, 결합, 형성하고 분해하는 게 된다.

에테르체

물질체 외에도 인지학은 인간 안에 있는 두 번째 본질을 인정한다. 에테르체(Ätherleib) 또는 생명체(Lebensleib)가 그것이다. 에테르체는 인간이 식물 및 동물과 공통으로 지니고 있다. 에테르체는 물질체의 성분과 힘들이 성장과 생식, 체액의 내부 흐름 등의 현상으로 나타나도록 작용한다. 에테르체는 그래서 물질체의 건설자이자 조각가이며, 그것의 거주자이자 건축가이다. 따라서 우리는 물질체가 이러한 생명체의 모사 또는 하나의 표현이라고 부를 수 있다. 인간의 물질체와 에테르체는 형태와 크기 면에서 거의 일치하기는 하지만 결코 똑같지 않다. 하지만 동물의 에테르체는 모양과 범위의 확장 면에서 인간의 물질체를 둘러싼 에테르체와 상당한 차이가 있으며, 식물의 경우는 훨씬 더하다. 에테르체는 살아 있는 힘들(생명력)의 한 형태이다. 이것은 물질이 아니라 작용하는 힘들로 구성된 것이다.

아스트랄체

인간 본질의 세 번째 구성요소는 아스트랄체(Astralleib) 또는 감정체(Empfindungsleib)이다. 이것은 고통과 흥미, 충동, 욕망과 열정 등의 운반자이다. 물질체와 에테르체로만 이루어진 존재는 이 모든 것을 가지고 있지 않다. 위에서 말한 모든 것을 요약하여 감정이라고 표현할 수 있다. 식물은 느낌을 지니고 있지 않다. 우리 시대의 몇몇 학자들은 상당수의 식물이 움직임이나 다른 방식의 자극에 반응한다는 사실로부터 식물이 어느 정도는 느끼는 능력을 가진 것으로 추론한다. 그러나 이런 주장을 펼치는 사람은 느낌의 본질을 알지 못한다는 사실을 보여줄 뿐이다. 여기서 그 식물이 어떤 외부 자극에 반응을 나타내는지가 중요한 것이 아니다. 오히려 그 자극이 즐거움이나 고통, 충동, 욕망과 같은 내적 과정을 통해 일어나는 것이 중요하다. 이 아스트랄체를 인간은 동물계하고만 공유하고 있다. 이것은 감정 활동의 운반체이다. 아스트랄체는 스스로 움직이고 색채를 띠며 빛을 발하는 형상으로 이루어진 모양이다. 감정체는 형태와 크기 면에서 물질체와 차이가 있다. 인간의 경우 이것은 길쭉한 달걀 모양으로 보이는데, 그 안에 물질체와 에테르체가 들어 있다. 이것은 겉으로는 사진의 윤곽처럼 모든 면에서 이 두 가지 위에 돌출해 있다.

자아

이것은 지상의 다른 창조물과 공유하고 있지 않은 것이다. 바로 인간인 "나(자아)"의 운반자이다. 독일어에서 이른바 "Ich"(나)라고 하는 짧은 단어는 다른 모든 어휘와 구별된다. 이 단어의 본질에 관하여 적절한 방법으로 숙고하는 사람은 동시에 인간의 본질을 깨닫는 데 접근하는 셈이다. 다른 단어들은 그에 상응하는 대상에 대하여 모든 사람이 같은 방식으로 사용할 수 있다. 누구든지 책상을 "책상"이라 부를 수 있으며, 의자를 "의자"라 부를 수 있다. 하지만 "나"라는 호칭은 그렇지가 않다. 어느 누구도 그 단어를 다른 누군가를 가리키는 말로 사용할 수 없다. 왜냐하면 각각의 사람은 자기 자신만을 "나"로 일컬을 수 있기 때문이다. "나"라는 단어가 나를 부르는 호칭으로 내 귓전을 울리는 일은 결코 있을 수 없다. 왜냐하면 인간이 자신을 "나"로써 나타내려면 자기 자신을 가리켜야만 하기 때문이다. 자신을 "나"라고 말할 수 있는 하나의 존재는 그 자체가 하나의 세계이다. 여기서 묘사된 능력의 운반자가 바로 "자아"인데, 이것이 인간 본성의 네 번째 구성요소에 해당한다.

이러한 "자아"는 고차적 인간 영혼의 운반자이다. 이것을 통해 인간은 지상의 창조물 가운데 정점을 이룬다. 그렇지만 현재의 인간 속에서 "나"라는 것은 결코 단순한 본질이 아니다. 상이한 발달단계의 사람들을 서로 비교해 보면, 자신의 천성을 인식할 수 있을 것이다. 교육을 받지 않은 자연인과 유럽의 보통 사람을 비교해 보고, 후자를 다시 고고한 이상주의자와 비교해 보자. 이들 모두는 자신을 "나"로 말하는 능력을 가지고 있다. "자아"는 이들 모두에게 존재하기 때문이다. 하지만 교육의 혜택을 받지 못한 자연인은 이 "자아"를 가지고 거의 동물처럼 자신의 열정, 충동 및 욕구를 따라간다. 좀 더 발달된 사람이라면 특정한 기호나 흥미에 대하여 자신에게 이렇게 말한다. "너는 이런 것은 추구해도 돼." 그는 다른 기호나 흥미를 제어하고 자제한다. 이상주의자는 원래의 기호와 정열에 더하여 좀 더 차원 높게 만들어간다. 이 모든 것은 "자아"가 인간 본질의 나머지 구성요소에 작업한 결과이다. 이렇듯 "자아"의 임무는 다른 구성요소들을 자신의 힘으로 향상시키고 정화하는 것이다.

 * *DIE ERZIEHUNG DES KINDES VOM GESICHTSPUNKTE DER GEISTESWISSENSCHAFT*, Rudolf Steiner, GA Bd. 34, S. 309-348. 한국어판: 발도르프 아동교육, 이정희 역, 33~44쪽, 씽크스마트, 2017.

머리말 ··· 5
일러두기 ··· 6
서문 ··· 12
한국어판 출간에 부쳐 | 교육이 지닌 "치유의 힘" ············ 16
추천사 | 100년이 지나도 참신한 발도르프 치유교육 ··· 23

1강

카르마와 재육화에 나타나는 "교육법칙" ··················· 27

발도르프 교육의 본질 / 발도르프 교육이 건강을 지향하는 이유 /
교사와 아이들에게 주어진 일생의 과제 /
"교육법칙" - 재육화와 카르마를 보는 교육학적 관점 /
주의력결핍장애(ADD)가 생기는 과정 / 이번 생은 다음 생의 교육자 /
교사의 구성체가 학생의 구성체에 영향을 미치는 형상

2강

물질체의 형상적 특성과 언어 ································· 55

교육은 신체의 성장에 관여한다 / 신체 발달의 전체상 /
특화되지 않은 채 태어나는 인간이 뜻하는 것 /
신체 발달을 이해하면 아이들의 현대병을 이해한다 /
성적인 문제의 예방을 위한 기초

3강

성장의 힘에서 지성의 힘으로 변형되는 에테르체와
아스트랄체의 리듬 본성 ··· 85

차례

남녀간의 성장 역동성 차이 / 신체 활동이 정신 활동으로 바뀌는 과정 /
본능 결핍을 메꾸는 자유 / 성장의 힘이 지성의 힘으로 바뀐다 /
에테르 힘은 사고 능력으로, 아스트랄 힘은 감정 활동으로 /
사고의 역동성: 고정성, 유동성, 개방성, 열정 / 아스트랄체의 리듬 활동

4강

위대한 통합자인 자아 기관 ·································· 121

리듬으로 구조화된 우리 몸 / 자아의 통합 능력 / 음악이 중요한 이유 /
교사는 상위의 요소로 하위의 요소를 교육한다 / 말하기를 가르치는 이유 /
오이리트미 - 자아와 정신의 통제를 위한 교육법 / 예술치료의 구조 /
자아의 힘이 지배하는 세 번째 7년의 성장 / 중년 이후에 생기는 새로운 능력

5강

질의응답 ··· 153

오이리트미의 효과 / 교사를 위한 "교육법칙" /
교사가 학생의 아스트랄체, 에테르체, 물질체와 잘 작업하는 방법 /
교사의 자아 능력을 강화하는 마법의 단어, "동일화" /
교사의 아스트랄체를 위한 마법의 단어, "유연성" /
교사의 에테르체를 강화하는 의례 행동 / 물질체의 키워드, "기쁨" /
주의력결핍증후군에 대응하는 전략 / 천식, 알레르기와 인지학 의학 /
리탈린 복용의 문제와 대안 / 임신 중 알코올, 체외수정 /
에포크 수업, 주5일제 수업의 리듬 문제 / 치아 발달의 시기 문제 /
알맞은 수업의 길이

삽화 및 그래프의 출처 ······························· 193
옮긴이의 말 ·· 194

서문

이 강연은 1998년 미국 캘리포니아 새크라멘토의 루돌프 슈타이너 대학에서 열린 〈발도르프 교사 컨퍼런스〉에서 행해진 것이다. 미하엘라 글뢰클러 박사는 "교육에서의 건강"이라는 주제를 다루었고, 이는 발도르프 교사의 작업을 강력하게 지원한다. 의사로서 그녀는 분명히 관찰 가능한 신체적 현상부터 그 현상에 작용하는 영혼 - 정신적 힘에 이르기까지 발도르프 교육의 생리학적 토대를 정확하게 이끌어낼 수 있었다. 이런 생리학적 접근은 각각의 어린이를 세심하게 관찰하고자 하는 발도르프 교사들의 노력을 지원하며, 복잡한 인간 본성을 파악하는 데 새로운 관점을 제공한다. 이 강연은 경험 많은 교사들을 대상으로 했기 때문에 루돌프 슈타이너의 인지학적 개념에 대한 깊은 이해를 담고 있다.

글뢰클러 박사는 시작 부분에서 다음과 같은 질문을 던진다. "발도르프 교육은 여전히 우리 시대와 그 속에서 자라나는 아이들의 필요를 다루고 있는가?" 우리 아이들의 건강한 어린 시절이라는 문제는 제리 맨더Jerry Mander, 닐 포스트먼Neil Postman, 데이비드 엘킨드David Elkind, 조셉 칠튼 피어스Joseph Chilton Pearce, 제인 힐리Jane Healy 및 기타 저명한 저술가들이 제기한 뜨거운 질문이기도 했다.

의사, 교육자, 치료사들은 무엇보다 자라나는 아이들 개개인의 모든 수준에 나타나고 또 그 빈도가 지속적으로 증가하는 질병들, 예를 들어 주의력결핍, 행동장애, 심인성 장애, 유전장애 등에 대응해야 한다. 어떤 증상으로 나타나든, 우리는 그런 질병의 기저에 생리학적 문제가 있다는 것을 이해해야 한다. 글뢰클러 박사는 이러한 이해가 발도르프 교육의 근간임을 지적한다. 그러므로 교육자가 해야 할 핵심 과제는 어린이의 건강한 신체 발달을 지켜주는 것이다. 그것이 건강한 영혼-정신 발달의 기초가 되기 때문이다.

첫 번째 강연에서 글뢰클러 박사는 루돌프 슈타이너가《치유교육 세미나》[1]에서 제시한 "교육법칙"(Pedagogical Law)에 초점을 맞춘다. 그녀는 이 법칙이 제안하는 4구성체의 작용에 대한 통찰, 그리고 이 네 가지 작용이 한 생에서 다음 생으로 작용하는 카르마적 효과를 포괄적으로 조명한다. 이어

---

1) 한국어판:《치유교육 세미나》, R. 슈타이너, 한국인지학출판사 근간.

서 그녀는 물질체부터 시작하여, 발생학적 발달의 경이로운 점들을 살펴보고 두뇌와 장기들의 성장 리듬에 주목하도록 한다. 그녀는 인간과 동물의 차이를 실증하며, 동물 안에서 어떻게 지혜와 지성이 물질체를 형성하고 본능을 통해 자신을 표현해 왔는지를 보여준다. 그녀는 인간의 발달에서 지성이 신체로부터 풀려나는 것이 갖는 의미를 더욱 명확하게 파악할 수 있도록 교사들에게 새로운 이해의 문을 열어준다.

글뢰클러 박사는 인간의 "결핍된 본능"이 인간의 자유를 위해 필연적이라고 말한다. 다만 이 결핍은 지성에 의해 보완되어야 한다. 우리의 인간성을 잃지 않으려면, 교육으로 이 부족한 본능을 대체해야 하는 것이다. 세 번째 강연에서 에테르 힘들의 해방이라는 주제는, 사고 형성과 생각하는 활동에서의 다양하고 미묘한 제스처와 내용상의 차이들을 알 수 있도록 이끌어준다. 그리고 이 제스처와 차이들은 에테르 힘들이 풀려나는 특정 조직들의 특성을 보여준다.

이 강연이 진행되는 동안 우리는 그 내부에서 사고의 형성적이고 창조적인 활동으로 변형되는 에테르체의 작용을 알아차릴 수 있다. 그뿐 아니라 아스트랄 힘들, 즉 음악적 힘들이 인간의 몸에 침투하기 위해 사용하는 수많은 훌륭한 리듬을 느끼는 법을 배울 수 있는 특별한 도움과 지원을 받는다. 그런 다음 우리는 "나"라는 위대한 통합자를 만나게 된다.

신체에서 영혼-정신에 이르는 이런 발달을 도우려면, 발도르프 교육에는 반드시 예술이 있어야 한다. 왜 그럴까? 거기에는 당연히 많은 이유가 있다. 우리는 인간을 모든 예술이 드러나는 존재로 볼 수 있는데, 실제로 그 예술들은 서로 다른 법칙들로 구성되어 있다. 네 번째 강연은 인간의 일곱 가지 구성요소를 위한 예술들의 사명에 대해 더 깊은 통찰과 이해로 우리를 안내한다. 자라나는 아이들로부터 다양한 예술 활동에 생생하게 몰두할 수 있는 기회를 빼앗는 것이 얼마나 황당한 일인지가 더욱 분명해질 것이다. 예술이 주는 치유와 조화의 효과는 폭력과 공격성을 막는 보루가 된다. 게다가 예술은 물질체를 형성하는 것에서 시작하여, 자라나는 어린이의 구성요소 전체를 건강하게 한다.

우리는 글뢰클러 박사가 이 강연에서 우리에게 전해준 풍부한 통찰에 감사드린다. 발도르프 교육과 연결된 교육자, 예술가, 치료사들은 더 많은 것들을 발견하도록 자극하는 이 강연의 내용을 소중히 여길 것이다.

아스트리트 슈미트-슈테크만

한국어판 출간에 부쳐

교육이 지닌 "치유의 힘"

이 책의 출간을 앞두고 통역자의 기억 속에 저장된 두 장면을 소환해 본다. 그 이유는 세월 속에서 여전히 반짝거리는 인상들이 이 책의 내용을 관통하기 때문이다.

첫 번째는 1997년 여름 발도르프 국제 연수 막바지에 배치된 질의응답 시간이다.

참석자 대부분은 과열경쟁으로 인한 우리 교육의 황폐화를 고민하며 새천년 미래 교육을 갈망하던 공교육 교사들이었고, 대안교육 운동가, 학원 강사, 깨어 있는 학부모들도 있었다. 이들은 국가가 강조하는 "창의적인 교육 활동"과 "개별화된 학습자 중심 교육"(6차교육과정)의 방법을 찾는 과정에서 이른바 "열린 교육"에 관심을 기울이다가 발도르프 교육을 알게 되었다.

누군가 획일화된 지적 교육의 억압이 빚어낸 갖가지 학생 문제에 어떻게 접근해야 할지 질문했다. 연수 강사인 독일 카를스루에 발도르프 학교의 상급학년 교사 베른트 루프Bernd Ruf는 확신에 찬 어조로 답했다. 그의 이야기는 한국의 교육 현안, 특히 대학 입시의 폐해를 간파하고 세미나 참석자들에게 발도르프 교육의 치유적 힘과 교육자의 새로운 역할을 암시하는 듯했다.

"지구상에 있는 어느 학교든 학생 문제는 다양하게 존재합니다. 한국 학생들은 교육 방향을 바꿔달라고 외치는 것이 아닐까요? 발도르프 학교는 이미 터져버린 학생 문제를 해결하기보다 사전 예방에 주력합니다. 독일 공교육 현장과 비교하여 발도르프 학생들은 수업 거부나 학교 폭력, 약물 중독 등을 포함하여 소위 비행 청소년 문제를 거의 일으키지 않습니다. 무엇보다 교육과정은 아동 발달에 맞게 구성되어 있고 지적 학습에 비중을 두지 않기 때문에 학업에 대한 스트레스가 없습니다. 학생들은 즐겁게 학교에 옵니다. 친구들과 어울려 놀고 선생님은 학생 개개인을 존중하고 인정해 주기 때문에 학생들은 자아의 힘을 키우며 건강하게 자랍니다. 이런 의미에서 발도르프 교육은 예방 교육이라 할 수 있습니다. 교사는 정해진 학습 내용을 전달하는 기능인이 아니라 '교육예술가'의 역할을 합니다. 우리는 아이들이 학교를 졸업하고 당당하게 자기가 원하는 삶의 길을 걸어갈 수 있도록 건강한 성장을 지원할 뿐이죠."

참석자들에게 독일 발도르프 교사의 힘찬 언설은 아주 색다르게 들렸고, 특히 '교육예술가'와 교육이 '예방책'이라는 표현에 모두가 고개를 갸우뚱했다.

여름 연수 이후에도 우리는 규칙적으로 소모임을 가지면서 발도르프 교육을 한국에 접목할 수 있을지 탐색했고, 꽤나 이상적으로 들리는 이 교육의 가치와 교사의 역할에 대한 토론을 이어갔다.

현장 교사들은 아동 발달에 따른 교육예술의 방법을 실천하고 싶다는 욕구가 간절했다. 이들은 통역자인 나를 향해 발도르프 번역 자료에 대한 갈급을 드러냈다. 더욱이 발도르프 교육의 수용을 전망하는 사람들은 제대로 된 통번역이 절실하다고 피력했다. 요지부동인 공교육의 현실을 개선하고 싶은 교사들과 심각한 자녀 교육의 문제를 고민하는 학부모들은 발도르프 교육을 더 알고자 열망했다. 미래를 위해 새 교육을 찾아나선 이들의 절실함이 눈에 보였다.

이런 자극에 이끌리고 뚜벅뚜벅 다가온 운명에 떠밀려, 그때 막 불혹의 나이에 접어든 나는 두 번째 유학을 떠났다.

발도르프 교육을 갈망하는 사람들은 점점 늘어났고, 그 중 몇몇은 연구 모임을 시작했다. 순수한 열정을 가진 이들이 2000년 봄 한국슈타이너인지학센터를 설립했다. 센터의 태동기 동안 나는 슈투트가르트 발도르프 사범대학 과정을 마쳤고, 귀국하기 직전 괴테아눔에서 열린 발도르프 교사 컨퍼런스에 참석했다.

당시 괴테아눔 인지학 의학분과 대표였던 미하엘라 글뢰클러 박사가 이끄는 소그룹의 주제는 "발도르프 교육의 미래 과제"였다.

글뢰클러 박사는 미디어와 디지털 기기의 시대에 성장하는 영유아 및 아동, 청소년을 보호하는 교육, 신체적 성숙과 영혼·정신 발달의 관계 등을 새롭고 흥미로운 관점에서 설명했다. 그래서 우리는 2001년 인지학센터가 주관한 치유교육 국제 행사에 글뢰클러 박사를 초대했다. 강연 준비를 위한 사전 대화에서 글뢰클러 박사는 한국 상황에 대한 정보를 수집했다. 그 과정에서 그녀가 던진 교육적 질문과 의학적 진단은 당시 우리로서는 소화하기 힘들었지만 인상적이었다.

"한국에서 유아기의 지적 조기교육과 아동기의 선행학습은 얼마나 심각한가요? 주의력 산만, 불안 증상과 과잉행동장애, 언어발달 지체, 청소년기 성문제, 마약중독 등에 관한 통계는 어떻게 나와 있나요?"

발도르프 교육자이며 소아청소년과 의사인 글뢰클러 박사는 인천 영종도 신공항과 세계적인 초대형도시 서울에서 받은 첫 인상을 이렇게 말했다.

"한국의 눈부신 경제 발전은 물질적 풍요를 후하게 선물했습니다. 그런 물질적 풍요는 미국과 유럽이 겪은 부작용처럼 한국에도 부메랑으로 작용할 수 있습니다. 성장기 아이들의 에테르체를 보호해야 합니다. 빠른 속도로 움직이는 환경 그 자체가 아이를 산만하고 공격적으로 만듭니다. 게다가 심인성 질병들, 알레르기 질환, 행동장애뿐이 아닙니다. 인지 영역에도 가정과 사회 분위기가 그대로 반영되므로, 사회가 아이를 병들게 합니다. ADHD 증후군을 겪는 유아, 아동, 청소년이 급증하는 것은 세계적인 현상입니다. 어느 때보다 건강한 교육이 필요합니다."

사회 환경이 질병 유발인자로 작용한다는 설명은 이해하기 어려웠지만, 우리는 고개를 끄덕였다. 우리 주변에도 공격적인 행동을 보이는 유아들, 학교에서 집중 못하는 산만한 아이들이 조금씩 늘어나기 시작했기 때문이다.

글뢰클러 박사가 우리에게 던졌던 아리송한 진단은 곧 현실로 드러났다. 2005년~2010년 사이에 ADHD 아동의 수는 두 배가 되었고(건강보험심사평가원 통계), 2019년까지 5년간 과잉행동장애로 치료받는 아이들의 수는 약 42% 늘었다.

이런 증상이 시대적 질병처럼 빠르게 늘고 있는 상황에서 학부모들은 쉽게 질문한다. "우리 애가 너무 산만해 보이는데, ADHD 아닐까요?" 만성신경질환 중에서 초조, 불안 증상을 보이거나 학업에 어려움을 겪으면 교사들 역시 의구심을 가진다. "아무래도 이 아이는 전문가의 진단과 개인 치료가 필요하지 않을까?" 영유아 및 초중고 교육 현장에서 손이 많이 가는 아이들, 학습 태도가 불안정하고 수업 내용을 경청하지 못하는 아동들, 집중력이 떨어지고 행동거지가 두드러지는 학생들은 감당하기 어렵다고 실토하는 교사들이 늘어만 간다.

꼭 20년 전에 글뢰클러 박사가 한국슈타이너인지학센터에 기증한 이 강연록을 드디어 출간하게 되었다.

발도르프 교육에 대한 관심은 훨씬 깊고 넓어졌지만, 분야별 번역 자료는 여전히 부족한 실정이고, 최근 몇 년 사이 가정과 교육 현장에서는 이른바 "문제 아이들"이 빠르게 늘고 있으니, 세월의 간극을 뛰어넘어 매우 시의적절하다.

이 책은 분량에 비해 발도르프 교육의 핵심 내용을 넓고 깊게 담고 있다. 슈타이너의 인지학과 발도르프 교육학에서 늘 만나는 개념들 중에서 인간을 구성하는 네 가지 요소가 교육 활동에서 어떻게 작용하는지, 그 요소들이 발달 단계에 따라 어떻게 변형되는지를 생리학과 의학을 바탕으로 설명하고, 이를 통해 인간 본성에 대한 슈타이너의 이해를 명확하게 요약한다. "교육법칙"은 넓은 의미의 교육자들에게(학부모, 교사, 치료사를 포함하여) 동일하게 적용되므로 아이들의 건강 발달을 위해 조력자 역할을 하는 교육자의 자기교육이 중요하다고 강조한다.

글뢰클러 박사는 의사의 시각에서 지적 힘으로 변형된 에테르체가 사고 활동과 판단력 형성으로 연결되는 과정, 생명의 힘이 성적 에너지로 변형되는 과정을 명확하게 안내한다. 그리고 이런 변형 과정이 영유아기 이후 아동·청소년기의 건강한 발달에 무엇을 의미하는지, 이때 예술 활동이 어떤 작용을 하는지 설명함으로써 발도르프 교육예술이 지닌 "치유의 힘"을 구체적이고 설득력 있게 요약한다. 심지어 수면 리듬의 중요성, 청소년기의 학생에게 자아의 힘을 강화하는 방법까지 안내한다.

이 강연록이 교사, 학부모, 치료사 등 다양한 교육 관계자들의 손에 들어가기를 기대한다. 발도르프 교육예술이 어려워 고개를 갸우뚱했던 사람들, ADHD 증상이 늘어나는 이유가 명확하지 않지만 고개를 끄덕였던 사람들, 공교육의 혁신학교에서 발도르프 교육예술을 실천하는 현장 교사들과 발도르프 교육 현장의 교육자들에게 이 책은 필독서라고 생각한다. 특히 요즘 산만하고 경청 못하는 아이들을 마주하며, "이쯤에는 치료가 필요하지 않을까?" 하고 질문하는 교사들에게 글뢰클러 박사가 강조하는 아동 관찰은 문제를 보는 시야를 넓혀줄 것이다. 그리고 자녀의 발달이 힘겨워 보여서 애태우는 많은 학부모는 이 책을 통해 새로이 용기를 얻을 것이다.

"문화는 차츰 병들 것이고, 따라서 사람들은 주변 환경에서 질병을 일으키는 것에 맞서 점점 더 교육 활동을 치유 과정으로 만들 필요에 부딪히게 될 것입니다."
- 루돌프 슈타이너

이정희 독어 독문학 박사, 한국슈타이너인지학센터 대표

추천사

100년이 지나도 참신한 발도르프 치유교육

미하엘라 글뢰클러 박사의 강의록인 이 책에서 그녀가 던진 첫 질문은 "이 교육의 본질은 정말로 지금 이 시대에도 통하는가?"였다. 이에 대한 대답이 궁금하였다.

나는 유아특수교사로 30여 년 아이들을 보아왔다. 한때는 대학에서 배운 행동주의가 정답이라고 생각한 때도 있었다. 성인들이 정한 문제 행동을 정의하고 분석하여 가르쳐야 될 행동을 정하고 주입하는 데에 열정을 쏟고 많은 시간을 보냈다. 이는 지금도 한국에서는 장애(특히 자폐범주성 장애, 발달지체, 학습장애) 아이들을 위한 교육의 핵심적 방법에 속한다. 이런 접근법은 학습된 행동 변화를 가져오긴 했지만, 나에게 아이 삶의 변화, 무엇보다 행복한 변화를 얻는다는 확신을 주지 못했다. 다행히 내가 많은 시간을 보낸 미국의 교육 현장, 특별히 영유아 교육 현장에서는 "전 아동(whole child)적" 교육이 이루어지고 있다. 이는 뇌신경과학 연구에 기반하였기에 확신을 가지고 교육할 수 있었다. 아이, 양육자, 물리적 환경 사이에 긍정적 관계를 형성시키는 교육은 뇌세포간 연결(시냅스)로 이어져 발달, 애착으로 나타난다. 또한 그 영향력은 일생 동안 지속된다는 종단 연구들도 많다.

글뢰클러 박사의 교육 내용은 내가 알고 있는 뇌신경과학에 기초한 교육 틀에 피가 흐르고 살이 붙고 '영혼'이라는 옷이 입혀 완성된다는 느낌을 주었다. 또한 아이만 아니라 나 자신에 대한 이해가 깊어지는 새로운 체험을 하게 되었다.

나는 인지학에 대해 아는 것이 별로 없다. 이 강의록을 읽으면서 비로소 탐색을 시작하게 되었다. 나처럼 처음 인지학을 대하는 사람은 한국슈타이너인지학센터 웹사이트를 뒤지면서 간단한 기본 용어와 개념을 알면 글뢰클러 박사의 언어가 더 마음에 와 닿을 것 같다. 물론 이 책 일러두기의 용어 설명도 상당한 도움이 된다.

이 책은 발도르프 교육의 전제들과 나의 경험이 연결되는 시간을 만들어주었다. "모든 아이는 성장하길 원하고, 무언가를 배우길 원한다." 발도르프 교육은 이런 전제를 기초로 한다는 말에 전적으로 동감한다.
이 책을 읽으며 내가 받은 교육 경험이 떠올랐다.

사람들은 장애를 가진 신생아는 가진 능력이 거의 없을 것이라고 생각한다. 하버드의과대학 소아과와 심리학과 학자이며 교육자인 브라즐튼T. Berry Brazelton, 뉴전트J. Kevin Nugent 등이 만든 "신생아 행동 관찰"(NBO: Newborn Behavioral Observation) 교육을 받을 때였다. 다운증후군 아기를 낳은 엄마가 충격에 빠져 아기 보는 것을 거부했다. 뉴전트 박사가 아기를 안고 엄마에게 아기 이름을 불러보게 했다. 아기 이름을 부르는 순간 아기는 엄마 쪽으로 고개를 돌렸다. 엄마가 울면서 말했다. "네가 나를 알아보는구나."

당시에 나는 예상치 못한 아기의 행동이 엄마의 마음을 흔들었다는 것만을 생각했던 것 같다. 하지만 이 책을 읽으면서 아기 역시 엄마의 뜨거운 눈물과 떨리는 목소리에 신체, 영혼, 정신의 변화가 이루어졌다는 것을 알게 되었다. 글뢰클러 박사가 이 책에서 말한 "자신을 이해하고 인정하며 받아들이고 통합한다는 느낌"을 아기는 받았을 것이다.

이 책에서 글뢰클러 박사는 인체의 신비한 구조, 성장하는 과정, 자아 발달의 과정을 의학적·생리학적 측면에서 자세히 설명하면서 발도르프 교육 실제에 연결하고 있다. 의사이자 교육자라는 배경이 그녀로 하여금 체계가 다른 두 학문을 통합하여 심도 있게 설명할 수 있게 하는 바탕일 것이다. 또한 이 책에서 우리가 일상에서 부딪치는 아동 발달 관련 질문들에 대한 아주 구체적인 대답을 듣고 교사의 일상적인 노력에 대한 균형 잡힌 격려와 설득력 있는 조언을 얻는 것도 그 덕분일 것이다.

20년 전 글뢰클러 박사는 이 책에서 "이 교육 원리는 첫 번째 발도르프 학교가 세워졌던 78년 전에 그랬듯이 여전히 참신한가?" 하고 물었다. 나는 설립 후 약 100년이 지난 지금도 발도르프 학교는 여전히 참신하다고 대답한다.

발도르프 교육을 받은 교사뿐만 아니라 일반인들에게도 아이들을 깊이 이해하고 그에 따라 행동하는 데 도움이 될 것이라고 확신하면서 이 책을 추천한다.

최진희   유아특수교육학 박사, 한국영아발달조기개입협회 회장

1강
카르마와 재육화에 나타나는 "교육법칙"

- 발도르프 교육의 본질
- 발도르프 교육이 건강을 지향하는 이유
- 교사와 아이들에게 주어진 일생의 과제
- "교육법칙" - 재육화와 카르마를 보는 교육학적 관점
- 주의력결핍장애(ADD)가 생기는 과정
- 이번 생은 다음 생의 교육자
- 교사의 구성체가 학생의 구성체에 영향을 미치는 형상

1998년 2월 15일 일요일

　안녕하세요, 인간을 사랑하는 교육, 발도르프 교육의 친구 여러분. 제가 여기 새크라멘토에 처음 왔던 게 37년 전입니다. 그때가 1961년이었는데요, 제가 얼마나 감명을 받았는지 지금도 기억하고 있습니다. 당시 저는 상급학생이었고, 새크라멘토 발도르프 학교의 9학년 학급을 약 1주일간 체험할 기회가 있었습니다. 그때 경험한 것은 유럽과는 달리 학생들이 굉장히 사려 깊었다는 점입니다. 저는 미국 학생들, 특히 발도르프 학교의 학생들이 자신의 선생님에게 한없는 존경심을 갖고 있는 모습을 보았습니다. 선생님이 교실에 들어서면 학생들은 뭔가 중요한 일이 일어날 것을 기대하는 자세로 자리에 앉아 있었고, 그런 상태에서 수업이 시작되었습니다. 교사와 학생들은 서로를 이름으로 불렀습니다. 이것 또한 유럽

인으로서 놀라운 일이었습니다. 지금 그 당시의 상황을 떠올리면서 시대가 어떻게 변했는지, 그리고 미국 대륙과 유럽에서 학습장애, 학습 곤란, 행동장애 등에 대해 신문에 어떤 통계가 실리는지 살펴보면, 이런 말이 절로 나옵니다. "한 세대가 흐르는 30년, 아니 37년은 그야말로 이 세상을 완전히 바꾸어 놓은 시간이었다." 어른들도 완전히 달라지고, 아이들도 완전히 달라졌습니다. 이런 상황에서도 발도르프 교육은 여전히 이어지고 있습니다. 그렇다면 다음과 같은 질문이 제기되지 않을 수 없습니다. "이 교육 원리는 37년 전에 그랬듯이, 그리고 첫 번째 발도르프 학교가 세워졌던 78년 전에 그랬듯이 여전히 참신한가?" 그래서 우리의 첫 번째 질문은 이렇습니다. **"이 교육의 본질은 정말로 지금 이 시대에도 통하는가?"**

두 번째 기본 주제는 **"행동에서의 큰 변화는 건강 문제에서 변화가 있음을 보여준다"**는 사실과 관련된 것으로, 이 강연에서 가장 먼저 다루려 합니다. 제가 기억하는 60년대의 이곳 아이들은 의사의 관점에서 본다면 비교적 건강했습니다. 그런데 우리 시대에는 건강한 아이들이 지속적으로 줄어들어 별종이라고 해야 할 정도가 되었습니다. 아이들은 골격계와 관련된 신체적 문제가 많습니다. 또한 주의력 결핍, 행동장애 등 인지 영역에서 많은 문제가 있습니다. 의사들이 이 모든 문제의 원인이 두뇌, 유전 등 신체에서 일어나는 생리학적인 장애임을 발견하는 경우가 늘고 있습니다. 하지만 소위 질병이나 장애의 근원 또는 원인이 신체적 문제라는 걸 알게 되었다고 해서, 우리가 아무것도 할 수 없다는 건 아닙니다. 물론 치료는 쉽지 않지만, 모든 행동과 장애의 문제 뒤에는 반드시 생리학적 문제가 있다는 사실을 이해하는 것 자체가 매우 중요합니다. 그리고 이는 흥미롭게도 발도르프 교육의 기초 개념입니다.

《일반인간학》[2]은 1919년에 시작된 발도르프 교육의 기초가 되었습니다. 발도르프 교육에 관한 루돌프 슈타이너의 이 중요한 연속 강의는 영혼적 힘의 발달이 어떻게 이루어지며 이를 위한 생리학적 전제조건이 무엇인지를 다루고 있습니다. 건강한 행동, 영혼에서 사고·감정·의지 능력의 건강한 발달, 건강한 정신적 힘 등은 그런 발달에 필요한 신체적 조건을 만들어낼 때만 주어진다는 것을 루돌프 슈타이너는 완전히 확인했습니다. 초창기부터 발도르프 교육은 먼저 신체에, 그 다음으로 영혼과 정신에 초점을 맞추는 교육입니다. 흥미롭지요. 그래서 건강이라는 면에서 보면 발도르프 교육은 현존하는 교육 중에서 여전히 가장 현대적입니다. 영혼과 정신의 발달을 위한 바탕이 신체라고 보아 그것을 먼저 교

---

[2] 이 책은 크게 '영혼적인 관점에서의 고찰', '정신적인 관점에서의 고찰', '신체적인 관점에서의 고찰'로 이루어지는 열네 번의 강연을 담고 있다. 《일반인간학》, 한국인지학출판사 2021.

육하니 그렇습니다. 건강을 지향하는 교육인 것입니다. 이런 지향은 그 어느 시대보다 현대에 굉장히 중요합니다. 그래서 두 번째 질문은 다음과 같습니다. **"우리는 어떤 종류의 '건강 지향적 교육'이 필요한가? 그리고 어떻게 하면 발도르프 교육 안에서 이 건강 지향성을 찾아내어 아이들을 도울 수 있을까?"**

제가 집중하고 싶은 세 번째 측면이 남아 있는데요, 그것은 우리 시대의 고유한 특징입니다. 우리는 20세기의 끄트머리에서 21세기를 준비하고 있습니다. 저는 독일의 유대계 윤리 철학자인 한스 요나스Hans Jonas의 질문과 함께 우리 시대의 이 고유한 특징을 소개하고자 합니다. 그는 어머니가 아우슈비츠에서 죽임을 당하는 끔찍한 일을 겪었고, 이로 인해 평생 한 가지 질문을 품고 살았습니다. 요나스는 스스로에게 이렇게 물었습니다. '아우슈비츠에서 참상이 벌어졌을 때 신은 어디에 있었는가?' 그에게 그것은 실존적 질문이었습니다. 그리고 저는 그가 이 문제에 공감하는 많은 사람의 마음을 대신해서 이 질문을 던진 것이라고 확신합니다. 20세기 내내 사람들은 그 전 세기까지와는 달리 기하급수적으로 교회를 떠났습니다. 그런데 흥미롭게도 지난해는 유럽에서 교회를 떠나는 사람의 수가 기하급수적으로 증가하는 것이 멈춘 20세기의 첫 번째 해였습니다. 처음으로 교회를 떠나는 사람의 숫자가 증가하기보다 줄어들기 시작한 것입니다. 정신세계와의 관계에 변화가 시작된 것처럼 보입니다. 우리가 종교적인 삶이라고 부르는 것이 변화하여, 아직 겪어보지 못한 새로운 종류의 정신적인 삶으로 옮겨갈 수 있기를 희망할 뿐입니다. 변화가 일어나고 있지만, 어느 방향으로 갈지, 아직 명확하지 않습니다.

자, 다시 한스 요나스로 돌아가겠습니다. 그는 이 질문을 간직하고 살았으며 수많은 사람들 또한 그 질문을 품고 삽니다. 인류가 이전 세기까지 경험하지 못했던 규모의 전쟁과 참상, 불가항력적인 문제들이 일어날 때마다, '신은 무얼 하고 있는가?'라는 질문이 금세기 내내 제기되었습니다. 이 질문은 계속해서 깊어져만 갔습니다. 한스 요나스는 스스로 답을 찾았습니다. 그는 '신이 있다고 해도 그 신은 모든 것을 아는 존재, 모든 것을 지배하는 전능한 힘을 가진 존재일 수가 없다'는 사실을 깨달았습니다. 그는 신이 모르는 것이 없다면 아우슈비츠의 사건이 일어날 것도 알았을 것이고, 그러면 그것을 미리 막았을 것이므로 그런 일은 일어날 수가 없었으리라는 사실을 깨달았습니다. 또한 신은 전능할 리가 없다고 생각했습니다. 신이 전능하다면 마찬가지로 아우슈비츠의 비극은 일어나지 않았을 것이기 때문입니다.

그렇다면 전지전능하지 않은 신은 도대체 어떤 존재일까?
결국 요나스는 지혜나 권능에 매달리지 않는, 그런 것들과는 다른 무언가 숭고한 힘이 있다는 결론에 이르렀는데, 그것은 사랑입니다. 그는 지혜의 영역, 그리고 권능을 지닌 의지의 영역 사이에 중간 영역, 즉 사랑의 영역이 있다는 것을 깨달았습니다. 신과 인간을 완전히 하나로 만드는 것은 지혜도 아니고 권능도 아닌, 바로 이 힘입니다. 인간은 신의 지혜로부터 벗어날 수 있으며 신의 권능으로부터도 벗어날 수 있는 게 분명합니다. 따라서 신은 더 이상 전지전능한 존재가 아닙니다. 왜냐하면 인간은 신의 지혜와 권능에서 도망쳐 아우슈비츠 같은 일을 벌일 수 있기 때문입니다. 그럼에도 사랑의 영역은 인간과 신을 완전히 하나로 만듭니다. 그래서 한스 요나스가 자신이 가졌던 질문에 대해 얻은 답은 '신은 아우슈비츠에 있었다'는 것입니다. 사랑은 고통을 이겨내는 크나큰 연민을 일깨우는 능력이 있습니다.

한스 요나스가 이런 답에 이르게 된 것은 매우 흥미롭습니다. 왜냐하면 저는, 우리 시대의 문제들을 직면하고 끔찍한 전쟁들을 돌아보며 신의 존재를 의심하는 많은 사람을 알고 있기 때문입니다. 여러분도 그러실 거라고 확신합니다. 그런데 신과의 관계를 잃은 사람들은 신을 다시 찾을 수 있는 가능성이 오직 하나뿐임을 깨달아야 합니다. 그것은 사랑을 키우는 일입니다. 사랑이 아니면 신이라는 현상을 이해할 수 없습니다. 지혜와 권능만을 기준으로 삼는다면 우리는 신을 이해할 수 없고, 오로지 의심과 의문에 부딪힐 뿐입니다. 그러면 우리는 심지어 스페인의 어느 왕처럼 말하게 될 수도 있습니다. "만약 내가 세상의 창조자라면 세상은 지금보다 단순했을 것이다." 우리는 모든 것이 왜 그렇게 복잡해야 하는지 이해할 수 없습니다.

'우리 시대의 아이들이 세상의 미래를 창조할 수 있도록 하려면 어떻게 교육해야 하는가?'라는 주제로 열리고 있는 이 컨퍼런스에서 제가 세 번째로 던지고 싶은 질문은 이것입니다. **"우리는 이 시대를 더 깊이 이해할 수 있을까?"** 특히 1998 같은 마법의 숫자를 볼 때, 우리가 그것을 '계시록'에 있는 이야기와 함께 본다면, 그리고 그것을 짐승의 숫자 666과 함께 본다면 말입니다. 요한계시록에 묘사된 바와 같이 666이라는 숫자는 악의 상징이자 악의 힘을 표현한 것입니다. 어떻게 해야 우리는 한스 요나스가 그랬던 것처럼 사악한 영혼을 이해하게 될까요?

어떻게 하면 우리가 악이 인류의 발달을 결정하는 중심점과 연관이 있다는 것을 발견할 수 있을까요? 인간은 확실히 자유의 능력을 발달시키고자 하는 성향이 있습니다. 그리고 이것은 모든 사람의 발달에서 결정적으로 중요한 점입니다. 우리는 우리 자신의 자유와 다른 사람의 자유에 대해 어떤 태도를 취해야 할까요? 그리고 오류가 존재하지 않는, 즉 악이 존재하지 않는 자유는 상상할 수 있는 것일까요?

악이 인간의 발달 조건으로 세상에 있어야 한다는 것은 그야말로 고통스러운 생각입니다. 이런 인간의 발달에 자유가 포함된다면, 그래서 점점 더 많은 사람에게서 이 자유의 능력이 깨어나고 있다면, 우리는 우리의 교육 체계를 통해 악의 힘에 대응할 수 있는 방식을 찾아야 합니다. 그리고 아이들뿐 아니라 우리 교사들과 어른들이 점점 더 대하기 힘들어지기 시작해도, 놀라거나 당황하지 않아야 합니다. 이것이 바로 현대의 고유한 특징이며, 해방의 특징이자, 인류가 처음으로 자유를 진정한 조건으로 깨닫게 된 시대의 특징이라는 사실을 우리는 깨달아야 합니다. 심지어 신을 떠날 자유, 교회를 떠날 자유(안 될 게 있나요?)를 포함해서 말입니다. 이것은 인간 발달의 진정한 표식이며, 자유란 것이 현실, 즉 개인의 현실이 되고 있다는 표식입니다. 정말 새롭지요.

고대 그리스 시대에는 자유가 오로지 정치적 차원에만 있었습니다. 그것은 아직 개인의 능력이 아니었습니다. 그 개인의 자유가 이제 발달하고 있는데, 이것은 모든 인간이 악이라는 문제를 직시해야 한다는 의미입니다. 우리 시대에는 악이라는 문제를 직시해야 하는 일이 이미 아동기에 시작됩니다. 따라서 우리의 교육은 악을 직시하고 교육의 내용에 통합할 수 있어야 합니다. 우리가 필요로 하는 어떤 것, 일종의 저항, 개개인의 발달이 정말로 얼마나 중요한 일인지를 자각하도록 돕는 어떤 것으로 악을 보게 하는 교육이 필요한 것입니다.

루돌프 슈타이너는 인지학 운동에 함께하는 사람들로부터 그의 삶의 과제를 묻는 질문을 종종 받았는데요, 그는 두 가지라고 대답했습니다. 그중 하나는 재육화와 카르마에 대한 지식을 제시하고 발전시키고 연구하는 것이라고 하였습니다. 그의 두 번째 과제는 개인들에게 고차적 인식을 얻는 길을 보여주어, 악의 사명이 인간들을 일깨워 그 길에 들어서도록 하는 것임을 알게 하는 것이었습니다. 이 세상에서 악의 사명은 인간을 자신의 힘 아래에 두는 것이 아니라, 인간으로 하여금 인간이란 무엇인지를 깨닫게 하여 악을 극복할 수 있도록 하는 것입니다.

 그리고 슈타이너는 고차적 인식에 도달하는 것을 자신의 과제로 보았으며, 또 그것을 실현했습니다. 이는 교육학적 관점에서 볼 때 가장 바람직한 일입니다. 그는 무슨 문제를 만나든 자신이 적극적으로 나서서 답을 찾아내는 방식의 삶을 살았습니다. 우리는 문제를 만났을 때 보통 비판하거나 그냥 무시하거나 아니면 잔뜩 의문을 제기할 뿐, 뭔가 신선하고 적극적인 태도로 스스로 나서서 문제에 답하지는 못하는 편입니다. 그런데 제자의 온갖 도발적인 행동에 적극적으로 나서서 대응하는 태도야말로 교사로서의 발전과 여정에 가장 도움이 되는 일입니다.

 우리 앞에는 세 가지 주제가 놓여 있습니다. 아이들의 행동에 큰 변화가 있고, 우리 시대에는 악의 힘과 갈등을 일으키는 경향이 커지고 있습니다. 아이들의 교육자이자 조력자로서 우리는 어린이의 신체적이고 정신적인 발달의 이 섬세한 과정을 우리의 일상적인 작업 분야로서 볼 수 있는 방법을 찾아야 합니다. 어린이의 신체적 발달을 돕는 우리의 노력은, 그 신체적 발달이 영혼과 정신의 건강한 발달을 이끌어내는 방향으로 이루어질 것을 지향해야 합니다. 이것이 이번 컨퍼런스의 주제이자, 제가 언급한 세 가지 중 중간 주제이기도 합니다. 저는 우리가 그런 교육 과정을 어떻게 만들 것인지 찾아내게 되기를 희망합니다. 저는 또한 그 교육 과정이 어른이자 교육자인 우리에게도 우리 자신을 더욱 발전시킬 가능성을 열어주는 자극제가 되는 방향으로 만들어지기를 희망합니다.

루돌프 슈타이너가 안고 살았던 삶의 과제를 묻는 질문을 제가 언급했지요. 물론 우리 모두는 "내 인생의 과제는 무엇일까?"라고 자문하며 살 수 있습니다. 그런데 훌륭한 교사라면 그에 더하여 또 다른 질문을 던질 것입니다. "우리 교실에 앉아 있는 아이들의 과제는 무엇일까? 그리고 아이들이 발달하도록, 자신에게 주어진 운명을 채우도록, 자신의 과제를 완성하도록 돕기 위해 내가 할 수 있는 건 무엇일까?" 이 질문에 답하면서 루돌프 슈타이너가 자신의 가장 중요한 과제가 재육화와 카르마에 대한 새로운 통찰을 제시하는 것이라고 말했으니, 이제 우리는 이렇게 말해야 하지 않을까요? "우리 시대에는 우리 모두가 그 과제에 매달릴 필요가 있다." 우리 교사들은 이미 그 과제에 매달리기 시작했습니다. 우리 모두는 재육화와 카르마 분야에서 일종의 연구자가 될 필요가 있습니다.

슈타이너에게 그것은 삶의 과제였습니다. 그리고 우리 가운데 대다수에게는 일생의 과제가 아닐지 모르지만 우리 모두에게 평생 과제의 일부인 것이 있습니다. 그것은, 우리 앞에 앉아 있는 학생들에게 이 지상의 삶이 처음이 아니라는 사실을 우리가 깨달음으로써 인간의 발달 과정이 어떻게 펼쳐지는지를 이해하는 것입니다. 이런 까닭으로 우리는 이번 컨퍼런스의 강연들에서 루돌프 슈타이너가 "교육법칙"이라고 부르는 특별한 방식으로 재육화와 카르마를 다루고자 합니다.

"교육법칙"이란 재육화와 카르마를 교육학적 관점에서 바라보는 방식입니다. 저는 그 방식을 경험의 길이라고 특징짓고 싶습니다. 우리 시대에는 실험을 통한 재육화 연구가 상당히 많습니다. 심지어 이 분야에는 다양한 형태의 진단과 치료법까지 있습니다. 하지만 슈타이너의 카르마 연구는 매우 달랐습니다. 그는 관찰과 사유를 통해 재육화와 카르마 연구를 시작했습니다. 사람들을 느슨하게 이완시키는 암시와 최면술은 전혀 사용하지 않았습니다. 무의식의 영역, 즉 자신의 전생들에 관해 알고 이해하게 되는 영역으로 들어가는 길은 여러 가지가 있습니다. 그런데 우리가 만일 긴장 완화나 최면이라는 방식으로, 즉, 그저 눈을 감은 채 어떤 음악을 들으며 "뭐가 보이세요? 뭐가 느껴지세요? …"라는 치료사의 목소리에 인도되어 바로 무의식의 영역에 들어간다면, 어떤 의미로는 안내자의 손에 우리 자신을 그냥 맡기고 내어준다면, 우리는 우리의 내면 생활을 특정한 방향으로 이끄는 구루를 만나는 것일 뿐, 그것이 과연 우리 본연의 모습을 찾아가는 방법인지는 확신할 수 없습니다.

무의식 속에는 너무 많은 것이 살아가기 때문에, 어떤 것이 나 자신의 전생이고 어떤 것이 내 친구들의 전생인지 구별하기는 매우 어렵습니다. 내가 듣거나 읽은 것들인지, 아니면 정말 내가 경험한 것들인지 구별하는 것도 어렵습니다. 인간관계의 전체 연결망은 나의 무의식 속에 놓여 있다가 여러 심상을 만들어내며 밖으로 나옵니다. 그러니 내가 착각에 빠지거나 나 자신의 실제와 맞지 않는 심상에 빠져들 가능성이 아주 높습니다.

이것은 루돌프 슈타이너가 이 분야를 연구할 때 사용한 방식과는 완전히 동떨어져 있습니다. 그의 방법은 그보다는 관찰하고 사유하는 것이었습니다. 관찰하고 사유할 때 우리는 인간으로서 가장 깨어 있고 가장 의식이 분명하며 가장 명료

한 상태로 우리의 능력을 발휘합니다. "교육법칙"은 그것을 관찰과 사유로 시작하여 자아 경험에 도달하는 방법이라고 설명합니다. 이 방법은 교사들에게 무척 큰 도움이 됩니다.

오늘 저녁 여러분이 잠자리에 들기 전 자아 관찰과 자아 연구를 조금이라도 해보실 수 있도록, 이 "교육법칙"을 소개하고 싶습니다. 자아 관찰과 자아 연구에 관해서는 내일 더 이야기할 수 있을 것입니다. 어떻게 하면 우리는 우리의 이전 생을 어느 정도라도 인식하게 될까요? 흐릿하게 연상하는 것이 아니라 직접 통찰하는 능력을 얻으려면 어떤 종류의 자아 관찰부터 해야 할까요? 무엇이 나에게 '나의 판단이 맞아'라는 확신을 줍니까? 여기에서는 우리에게 자아 체험의 영역이 있음을 인식하는 것이 도움이 됩니다. 여러분이 제 이야기를 듣고 있을 때, 여러분은 현재에 살고 있습니다. 여러분은 지금 귀 기울이고 있으며, 우리를 어디로 이끌어갈지 모르는 상태에서 도입부의 내용을 따라오고 있습니다. 아마도 동시에 이것저것 다른 생각을 하고 있거나 메모를 하고 있을지도 모르겠습니다. 여러분은 현재에 살고 있습니다. 이것이 우리의 자아가 늘 활동하고 있는 '나'의 영역입니다. 우리가 과거에 얽매이지 않은 채, 생기 있고 열려 있게 하는 힘이기도 하죠. 우리는 그야말로 생각 안에 살면서 깨어 있는 것입니다. 그것이 의식이고, 그것이 주의력입니다. 자아 경험은 주의력의 경험입니다. 주의력결핍장애(ADD)라는 문제가 생기면, 우리는 온전한 자아 능력을 되찾기 위해 노력해야 합니다. 이 장애를 겪는 사람들은 자신의 자아 현존을 되찾는 데 어려움이 있습니다. 그들은 이 현존이 부분적으로 결핍되어 있기 때문에 고통을 겪게 됩니다. 자아가 현존할 때 우리는 집중할 수 있고, 또 현재 속에서 주의력을 통해 뭔가를 바라볼 수 있습니다.

그런 다음 우리는 자아 경험의 바로 아래 영역인 우리의 아스트랄체, 즉 사고, 감정, 의지 활동을 하는 영혼, 우리의 감정 활동, 충동, 그리고 특정한 생각들이 고정된 것인 기억에 도달하게 됩니다. 이것은 우리가 과거를, 그리고 미래에 대한 생각을 만나는 자아 경험의 영역입니다. 이 영역에서 우리는 우리의 두려움과 희망, 미움 등을 만나며, 이미 만들어져 있는 현실세계를 느낍니다. 이 세계는 생기 있지도, 열려 있지도 않습니다. 그것은 놀라울 정도로 편견과 과거의 경험에 고정되어 있습니다. '그건 이렇고 저랬어. 그래서 이제는 쉽사리 그 사람을 못 믿겠어.' 하는 식입니다.

이 영역은 또한 우리 영혼 안에 있는 어떤 근본 욕구를 발견하게 되는 아주 흥미로운 세계이기도 합니다. 어떤 사람들은 그것을 음악적으로 표현합니다. "내 삶에는 기본 선율이 있어. 내 영혼 활동에는 우울하거나 쾌활한 감정, 아니면 무겁고 불협화음 같거나 잘 어울리는 화음 같은 감정이 있지." 이런 삶의 선율은 우리가 영혼 안에 지니고 있는 이런 사고,

감정, 의지의 특성들로부터 만들어진 것입니다.

이렇게 형성된, 어떤 의미에서는 고정된 양상들의 영역과 주의력의 영역 사이에는 커다란 차이가 있습니다. 실제 의지와 주의력의 주체인 자아, 즉 '나'가 고정된 사고에 대해 의문을 제기하면서 감정에 작용하기 시작할 때에도, 우리는 갈등을 경험합니다. 때때로 우리는 우리 안에 있기는 하지만 우리 자신이 원치 않는 감정들에 맞서 싸우는 경험을 합니다. 아니면 우리에게 없는 감정을 갖고 싶어하기도 합니다. 이런 경험은 대체 어디에서 오는 걸까요? 한쪽에는 강한 상호작용이 있고, 다른 쪽에는 상당한 저항이 있어서 그렇습니다. 뭔가를 바꾸려 할 때, 우리는 커다란 저항이 따른다는 걸 느낍니다. 그래서 그 바꾼다는 게 정말로 힘든 일이 됩니다.

그리고 그보다 더 아래쪽에서 우리는 세 번째 수준[3], 즉 생활 습관이나 관습의 수준을 경험합니다. 습관에 의해 우리의 삶에는 무슨 일이 벌어지나요? 또는 어떤 자극을 받나요? 얼마나 많은 사람이 스스로 뭔가를 하고 싶다거나 훌륭한 아이디어를 가졌다고 느끼면서도 행동으로는 옮기지 못하던가요? 습관적인 생활이 너무 강해서 주저하거나 앞으로 나아가

---

[3] 여기에서 세 번째 수준은 에테르체를 뜻한다. 에테르체는 인간의 습관이나 성향의 영역으로 아스트랄체보다 더욱 무의식적이라는 특성이 있다.

기를 두려워하는 것입니다. 우리가 아침에 일어났을 때 습관이 하는 역할이 얼마나 큽니까? 우리의 방이 어떻게 되어 있는지, 날마다 무얼 하길 좋아하는지도 마찬가지입니다. 많은 사람이 자신의 삶에서 무언가를 바꾸는 걸 주저합니다. 예를 들어 다른 나라로 이주를 하거나 다른 직업을 가져야 하는 경우 자신의 정체성 일부를 잃어버리는 것처럼 느끼기 때문입니다. 사람에 따라서는 그런 느낌이 그다지 강하지 않기도 합니다. 하지만 다른 사람들보다 더 관습에 얽매여 사는 사람들도 있습니다. 이 영역은 일상의 결정들에 매우 큰 영향을 미칩니다. 그리고 관습과 습관에 따른 내 생활이 나의 기초 행동에서 어떤 역할을 하는지 자문해 보는 것은 매우 중요한 일입니다. 나의 습관적 행동이 '저렇지 않고 이렇다'는 사실은 운명의 전환점을 만들 수 있습니다. 이 영역에서 무언가를 변화시키는 게 더 어려운 것은, 습관적인 생활에서 오는 저항이 영혼의 영역에서 오는 저항보다도 훨씬 더 강하기 때문입니다.

마지막으로 네 번째 수준은 신체적(physical) 수준[4]입니

---

4) 여기에서 'physical'이라는 말은 '신체적'이라는 뜻도 있지만 '물질적'이라는 뜻도 있다. 인지학에서는 인간을 기본적으로 신체(body), 영혼(soul), 정신(spirit)의 삼원적 관점으로 바라보는데, 'physical body'는 '물질체'로서 인간의 물질적인 요소를 말한다. 여기에서는 문맥에 따라 'body'를 '신체' 또는 '몸'으로, 'physical'을 '신체적' 또는 '물질적', '물리적' 등으로 옮겼다.

다. 우리는 신체적인 수준에서 우리가 특정한 방식으로 구성되어 있다고 느낍니다. 그 능력에 한계가 있다는 것입니다. 신체적 '힘들'(forces)의 영역은 우리의 한계를 결정하는 영역입니다. 우리가 아무리 최상의 습관이 있거나 아주 유연한 영혼과 대단한 주의력이 있다 해도 거기에 신체적인 능력이 부족하다면 우리가 원하는 걸 할 수 없을 것입니다. 걸어갈 때, 여러분의 보폭은 여러분의 다리 길이에 따라 결정되는 거리입니다. 이런 관점에서 여러분의 카르마를 본다면 다리 길이가 사람들과의 약속이나 경험에 영향을 미친 경우를 떠올려 볼 수 있지 않을까요? 어느 특정한 순간, 특정한 장소에 도착해서 만난 그 사람은 여러분이 몇 초 또는 몇 분 늦었다면 만나지 못했을 것입니다. 그리고 여러분은 오직 여러분의 '물질체'(신체)의 크기에 따라 특정한 속도로 걷고 있었기 때문에 그 사람을 만날 수 있었던 것입니다.

우리 몸의 신체적 조건은 카르마 상황을 만듭니다. 물론 우리가 그 물질체를 어떻게 만나느냐 하는 것이 이 드라마에서 굉장히 중요한 역할을 합니다. 사람에 대한 선호 성향, 나이, 성별, 전체적 생김새, 인상 등등에서 우리는 대부분 고정되어 있습니다. 신체적인 수준에서 무언가를 바꾸려고 할 때, 우리는 가장 큰 저항을 경험합니다. 그러나 물론 그런 것을 바꾸기도 합니다. 예를 들어 몇 년간 오이리트미[5] 분야에서 작업을 해왔다면, 우리는 몸을 움직이는 방식, 걷는 방식을 바꿀 수 있습니다. 우리는 물질체를 다른 형태로 만들 수 있습니다. 그런 훈련 없이도 물질체를 훨씬 더 잘 다룰 수 있겠지만, 그러려면 수년간의 연구가 필요할 것입니다. 그럼 이 모든 것은 카르마와 어떤 관련이 있는 걸까요?

만약 우리가 주의력과 자아 현존의 영역에서 우리 자신을 분석하고는, "내가 참으로 현존하는 순간은 언제인가? 내 자아가 관심을 갖는 것은 무엇인가? 어디에 있을 때 내가 완전히 주의를 기울이고 있는가?"라고 자문한다면, 우리는 우리가 특정한 관점에 빠져 있다는 것을 깨닫게 됩니다. 그 관점은 아마도 제한된 관심사에서 비롯된 것이겠죠. 그러나 또한 우리의 개인적 동기는 모두 이 자아의 영역에 달려 있으며, 우리가 원하기만 한다면 모든 것에 관심을 기울일 가능성 역시 있다는 것을 깨닫게 됩니다. 인식과 잠재적 주의력이라는 이 자아 영역이 가장 열려 있으며 가장 유연한 영역임을 우리는 경험할 수 있습니다. 그것은 무한한 가능성의 영역입니다.

다른 영역들로 갈수록 우리는 점점 더 많은 한계를 경험합

---

[5] 오이리트미eurythmy(영), Eurythmie(독)는 루돌프 슈타이너가 창안한 동작 예술로 춤이나 발레와는 다르다. 언어와 소리를 자유로우면서도 질서 있는 사지의 움직임으로 표현해낸다. 발도르프 학교의 필수 교과이기도 하다.

니다. 이런 한계들은 어디에서 오는 걸까요? 사고, 감정, 의지를 주관하는 영혼의 원형이 지닌 가능성은 무한합니다. 사고 활동에서 우리는 모든 것을 이해할 수 있는 가능성이 있습니다. 감정 활동에서 우리는 모든 것에 대해 연민을 느낄 수 있는 가능성이 있습니다. 그리고 우리는 의지로 어떤 능력이든 배우고 발달시킬 수 있는 가능성을 가지고 있습니다. 그러나 자기 탐구를 해보면 영혼의 수준에서 능력의 한계가 있음을 경험하는데, 바로 그 한계에서 지난 생으로부터 온 우리의 개인적 카르마를 만납니다. 이번 생에서 영혼 수준의 한계로 만나는 것들은 지난 생에서 우리가 얻은 자아 인식의 결과, 즉 주의력과 관심의 결과입니다. 우리가 이번 생에서 경험하는 '아스트랄체' 영역의 한계는 지난 생 내내 있었던 자아 활동의 현존에 대한 구체적이고 실제적인 기억 또는 그 현존의 각인입니다. 이번 생에서 우리가 자아의 영역에서 열려 있고 자유로우며 한계가 없는 것은 지난 생에서 모든 좋고 나쁜 경험에 의해 각인된 것들이 현재의 아스트랄체로 넘어갔기 때문입니다. 그래서 우리가 아스트랄체의 영역에서 뭔가를 좋아하지 않을 때, 우리는 지난 생에서의 자아 활동의 고유한 특징들을 만나고 있는 것입니다.

오늘 저녁, 여러분이 영혼의 선율을 바라볼 때, 이렇게 질문해 보시기 바랍니다. "내 영혼의 선율에 후렴구 같은 것, 즉 내 운명을 이루고 있는 것에 대한, 또는 지난 생의 여정에 대한 기억 같은 것은 없는가? 그리고 나는 지금 내 삶의 선율, 내 영혼의 한계들에서 나에게 새겨진 고유한 특징을 만나는 것은 아닌가?"

그런 다음 여러분의 습관을 살펴보고 탐구해 보세요. 그리고 이 영역에 어떤 각인이 남아 있는지 자문해 보세요. 늘 이렇게 질문해 보시기 바랍니다. "생명력과 습관의 영역에서 내가 이번 생에 부딪히는 독특한 한계들은 혹시 지난 생에서 내 아스트랄체(영혼) 활동이 남긴 각인이 아닐까?"

"그리고 내가 나만의 한계와 형태를 지닌 물질체를 만나게 된 것은 지난 생에서 만들어져 나를 이끌었던 행동양식과 관습들이 남긴 각인은 아닐까?"

이 연습의 시작은 단순한 질문, 일종의 가설일 수 있습니다. 그러나 어떤 종류의 자기 연마든 이런 방식으로 행해지며, 그래서 자기 연마가 이루어지는 이런 방식을 깨닫는다면, 이 연습은 현실적인 결과를 낳을 수 있습니다. 여러분은 유연성과 자유로운 자아 인식을 바탕으로 시작하여, 여러분이 행하고자 하는 특정한 과제와 발달시키고자 하는 특정한 능력에 주의를 기울입니다. 그러려면 여러분의 의지, 여러분의 감정, 여러분의 동기, 그리고 그러한 작업을 해나가면서 그것을 이해하기 위한 여러분의 사고가 필요합니다. 따라서 어떤 종류의 자기교육이 되었든 여러분은 먼저 여러분의 영혼을 교육해야 합니다. 어떤 진전이라도 이루려면 영혼의 힘이 필요하기 때문입니다. 그런데 여러분이 여러분의 영혼을 움직여 특정한 능력을 발달시키게 되면, 이는 조만간 여러분의 습관과 일상적 행동양식을 바꿀 것입니다. 그리고 여러분의 일상적 관습과 습관이 변하면, 여러분의 신체 활동과 몸의 조건들 역시 변할 것입니다. 이 변화가 가장 오래 걸리겠지만요. 루돌프 슈타이너가 제안한 이런 방식의 자기교육을 행할 때 우리는 놀랍게도 "교육법칙"이 아스트랄체와 에테르체의 영역들을 거쳐 실제의 신체 변화에 이르도록 영향을 미치는 것을 경험을 할 수 있습니다.

그리고 이번 생은 다음 생의 교육자입니다. 똑같은 순서가 적용됩니다. '나'의 영역, 즉 내 자아의 힘에 속하는 영역에서의 내 참여는 내 아스트랄체가 어떻게 발달하고 자아의 힘이 그 안에 어떻게 침투할 것인지에 대한 운명을 결정합니다. 나의 인간성은 사고, 감정, 의지를 통해 드러나며, 내 자아 활동의 고유한 특징은 아스트랄체에 침투되어 아스트랄체가 점점 더 인간다워지도록 합니다. 그리고 내 영혼 활동이 더 인간답게 발달할수록 이 인간다움은 내 행동양식과 관습의 영역 안에 더 많이 나타날 것입니다. 이번 생 내내 영혼을 발달시키기 위해 하는 나의 노력은 다음 생에서 나의 에테르체가 어떻게 구성될지를 결정합니다. 내가 오늘 아스트랄체를 어떻게 다루느냐 하는 것은 나의 현재 관습과 습관에 이끌리는 삶을 변화시킬 뿐 아니라 다음 생에서 그것이 어떻게 형성될지를 준비하는 것입니다.

인간의 발달은 내부에서 외부로 진행됩니다. 그것은 자아의 내적 에너지와 밀도에서 시작하여 아스트랄체 영역으로 이어지고, 갖가지로 저항하는 습관에도 불구하고 에테르체 영역을 변형시키며, 마침내 물질체를 바꾸는 것으로 끝이 납니다. 그렇게 내가 현재의 생에서 행동하면, 두 번째 생에서 이 자아 활동의 기억이 아스트랄체 안에 담기며, 세 번째 생에서 이 기억은 나의 에테르체 안에 들어 있게 됩니다.

그러니 결국 현재의 생에서 나의 물질체는 지난 세 차례 생의 결과물을 담고 있습니다. 따라서 조금이라도 자기 탐구와 자아 경험을 하는 순간마다 우리는 지난 생에서 비롯된 자아 경험 영역의 성격, 고유한 특징, 양식을 발견하여 우리의 관찰과 자기 인식에 대해 마음을 열게 될 것입니다.

그리고 우리는 운명적으로 만나는 모든 것에서 다섯 번째 생을 미리 경험할 수 있습니다. 오늘 우리가 여기 이 멋진 강연장에서 만난 것은 사실 우리 모두의 운명 중 일부입니다. 운 좋게도 우리는 이 특별한 해에 이 강연장에서 만나게 되었습니다. 그리고 이 만남은 우리 모두의 삶 속에서 무엇인가를 바꾸게 될 것입니다. 그 변화는 우리가 어떻게 만나고, 어떻게 잠들며, 어떤 생각들이 우리에게 실제로 중요하게 다가오고 또 어떤 것은 그렇지 않은지 등에 따라 결정됩니다. 또 우리가 무엇을 만나고 또 어떻게 만나는가 하는 것은 우리의 주의를 끌고 우리의 자아 활동에 영향을 주며, 그렇게 이 순환은 매듭지어집니다. 내가 몸을 움직여 어떻게 행동하느냐가 다음 생에서 운명으로 되돌아옵니다. 여기에서 우리가 만난다는 것은 지난 생에 우리의 몸이 준비한 운명의 결과입니다. 우리가 지금의 상황을 만나는 방식은 곧 전체 운명의 순환을 긍정적인 방향으로 한 걸음 나아가게 할 수 있는 것입니다.

그러므로 모든 교사는 다섯 번의 생이 만든 운명을 자기 안에 가지고 있습니다. 학생들도 마찬가지입니다. 그러니 이제 지난 생들의 이 모든 내용과 기억을 가진 두 운명이 만나는 셈입니다. 학생에게 교사는 운명의 중대한 요소이며 크게 의존하는 대상입니다. 이러한 이유로 루돌프 슈타이너는 그의 《치유교육 세미나》에서 이것을 "교육법칙"이라고 말한 것입니다. 자기 연마 및 카르마의 법칙과 관련해 우리는 어떻게 한 영역에서 살던 것이 다음 육화에서 한 단계 아래의 영역으로 이동하는지를 살펴보았습니다. 이 법칙은 또한 교사와 학생들 사이에도 적용됩니다. 교사가 자신의 주의력과 온기로 현재의 학생들을 만나는 것이 학생들의 아스트랄체를 만들고 형성합니다. 어린이는 아직 완전한 자아 능력이 없기 때문에 스스로를 교육할 수 없습니다. 어떤 의미에서 교사는 그 자아를 대체하는 것이며, 그래서 교사의 자아는 학생의 아스트랄체에 직접적인 영향을 미칩니다.

마찬가지로 교사의 아스트랄체가 사고, 감정, 의지의 영역에서 저항과 결핍을 가진 채로 형성되는 방식은 제자의 생명체 영역에 대한 교육에 지대한 영향을 줍니다.

교사가 영혼 활동을 하는 방식은 긍정적으로나 부정적으로나 학생들의 에테르체에 전해집니다. 어느 학생이 여러 날, 여러 주, 몇 달, 몇 년 동안 조금이라도 불안해하고 주저하는 상태로 지낸다면, 이것은 그 학생의 생에서 내내 이어지는 습관을 만듭니다. 여러분이 영혼으로 작업하는 방식은 학생들의 에테르체에 강력한 영향을 미칩니다. 그리고 여러분의 행동 방식, 여러분의 습관이 작동하는 방식, 특정한 방식으로 수업을 시작하고 끝맺는 것, 또는 필요해 보일 때 수업 중간에 휴식을 갖는 것 등은 학생들의 신체적인 구성에 대단히 큰 영향을 미칩니다.

이렇게 해서 정말 간단히 "교육법칙"의 본질을 소개하였습니다. 인간은 매우 유연하지만 제각기 다릅니다. 교사가 어떤 사람인지는 그가 가르치는 학생들과 아이들에게 교육적으로 엄청난 영향을 줍니다. 이에 대해 조금 성찰해 보시길 바라며, 내일은 이 문제를 좀 더 구체적으로 다뤄보겠습니다. 오늘 저녁 잘 들어주셔서 감사합니다. 많은 분이 먼 곳에서 오셨다고 들었습니다. 편히 주무시길 바라며, 내일 뵙겠습니다.

2강
물질체의 형상적 특성과 언어

- 교육은 신체의 성장에 관여한다
- 신체 발달의 전체상
- 특화되지 않은 채 태어나는 인간이 뜻하는 것
- 신체 발달을 이해하면 아이들의 현대병을 이해한다
- 성적인 문제의 예방을 위한 기초

1998년 2월 16일 월요일

오늘 저는 교육과 건강이라는 주제를 좀 더 신체적 관점에서 다루고자 합니다. 제가 어제 발도르프 교육의 기초는 유아교육 현장, 담임과정, 상급과정 전반에 걸쳐 학생들이 하는 모든 활동 말고도 또 한 가지 활동에 늘 참여하고 있다고 말씀드렸는데요, 그것은 바로 신체의 성장입니다. 루돌프 슈타이너에게 이 원칙은 교사 교육에서 가장 중요한 점이었습니다.

이것이 의미하는 바는 금세기를 지나는 동안 점점 더 분명해졌습니다. 아이의 감각에 다가오는 모든 것이, 심지어 엄마의 뱃속에 있을 때에도, 아이의 신체 구성을 자극하는 데 영향을 끼친다는 사실입니다. 제가 이야기를 하는 지금도 말하는 속도를 높이면, 여러분의 신체 상태는 달라질 것입니다. 제 말의 속도가 달라지면, 여러분의 호흡, 심지어 심장 박동에 미치는 영향이 달라지는 것입니다. 성인인 여러분에게는 그것이 큰 문제가 되지 않습니다. 여러분의 신체는 성장과 형성을 마쳤기 때문입니다. 여러분의 신체 구성은 어느 정도 고정되었고, 그래서 구조적 영향보다는 기능적 영향을 받을 뿐입니다. 하지만 우리가 아이에게 특정한 영향을 끼치는 모든 방식은 아이의 성장 과정에 개입하여 영향력을 행사합니다.

우선 신체 발달의 전체상을 보여드리고자 합니다. 신체의 구성요소를 자극하여 나중에 영혼과 정신의 활동, 그리고 인간의 내면 생활이 성장할 수 있도록 하는 것은 교사로서 우리가 하는 모든 일의 기초가 됩니다. 우리가 어떻게 하면 학생의 신체를 자극할 수 있는지, 그리고 어떻게 하면 학생의 신체가 영혼과 정신의 활동을 외적으로 실현하게 하는지가 교육의 비결입니다.

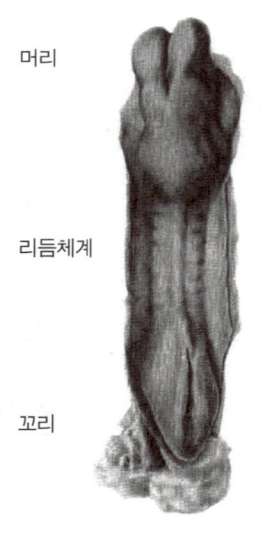

그림 1 사람의 배아 3주 반

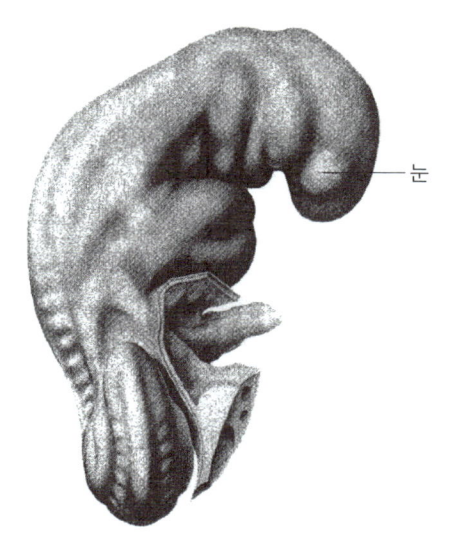

그림 2 사람의 배아 1개월 말엽

먼저 임신 기간 동안 성장 과정이 어떻게 진행되는지를 보여주는 슬라이드를 몇 장 보시겠습니다. 이 인간 배아는 길이가 3mm이고, 3주 반 정도 되었습니다. 3주가 되었을 뿐인데도 몸을 구성하는 세 가지 체계가 이미 명확하게 발달해 있음을 알 수 있습니다. 여기 리드미컬한 구조의 척추가 꼬리 부분에 이르는 것을 볼 수 있습니다. 몸을 구성하는 세 가지 체계가 인간이란 존재의 진정한 기본 질서라는 사실은 놀라운 현상입니다.

한 주 뒤인 4주차에 배아의 길이는 3.5mm이고, 머리 구조가 얼마나 빨리 자라고 있는지 볼 수 있습니다. 심지어 눈이 형성되기 시작하는 것과 꼬리 쪽에 막 나타나는 놀라운 리듬 형태도 볼 수 있습니다. 루돌프 슈타이너가 에테르체를 형성력, 조형력이라고 말한 것이 무엇을 뜻하는지 알 수 있을 것입니다.

이제 배아는 5주차, 즉 2개월 초입니다. 매주 엄청난 변화가 일어나고 있습니다. 이제는 머리와 아랫부분, 가운뎃부분이 분명히 구분됩니다. 또한 머리

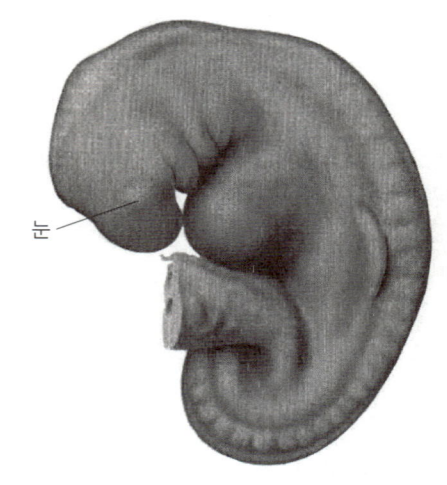

그림 3 사람의 배아 2개월 초

와 꼬리가 서로 다가가고 있다는 걸 알 수 있습니다. 이것은 우리가 5주차에 꼭 짚어야 할 또 다른 수수께끼입니다. 첫 3주 동안 예쁘게 직립 자세를 하고 있었는데, 왜 그 다음에 머리와 꼬리가 거의 원을 이루는 모습을 보이는 걸까요? 배아에게는 수영하는 자세를 취할 수 있을 만큼 충분한 공간이 있습니다. 그런 점에서 보면 이렇게 몸을 둥글게 하고 있을 이유가 전혀 없습니다.

이렇게 원을 그리는 자세를 취하는 것은 성장 활동에 속하는 어떤 것과 연관되어 있습니다. 섬세한 발달이 이어지는 첫 두 달 동안 모든 장기 기능이 확립되기 시작합니다. 이 시기

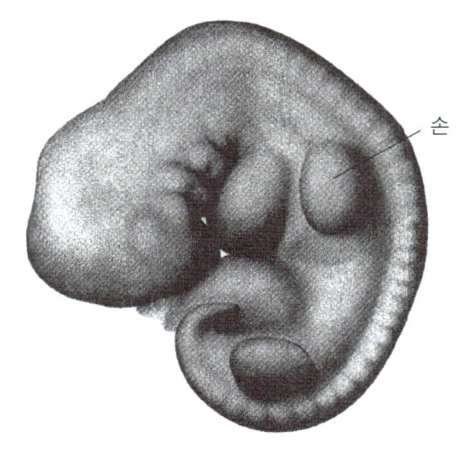

손

그림 4 사람의 배아 2개월 초

를 배아기라고 부르며, 3개월차부터 임신 말기까지는 장기가 자라기만 하는데, 이 시기를 태아기라고 부릅니다.

다시 한번 5주차의 배아를 봅시다. 이 시점에는 손과 발이 매우 미약하게 형성되기 시작하는 것이 보입니다.

그리고 여기 6주차 배아를 보십시오. 배아가 얼마나 빨리 발달하고 있는지 보입니다. 매주 엄청난 진전이 이루어지지요. 이 단계에서는 사지 가운데 가장 먼저 손이 자라나는 모습, 그리고 동시에 발이 나오는 모습을 볼 수 있습니다. 우리는 루돌프 슈타이너가 《일반인간학》에서 이야기한 원형상을 보고 있는 것입니다. 그 책에서 슈타이너는 우리의 사지 체계가 말단 부위부터 만들어진다고 했습니다. 그리고 발생학은 그 말이 진실임을 알려 줍니다. 사지는 손가락, 발가락 등 가장 말단 구조에서 발달을 시작합니다. 그 다음에 팔의 아랫부분이 발달하고, 마지막으로 윗부분이 발달합니다. 수십년 전에 전 세계에서 탈리도마이드thalidomide 참사[6]가 벌어졌을 때, 서너 개의 손가락이 어깨에 붙어 있는 아기들이 태어난 것도 그런 까닭입니다. 임신 초기의

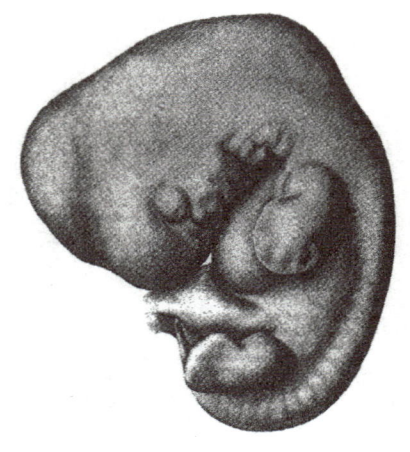

그림 5 사람의 배아 2개월 중간

이 섬약한 시기에 발달이 중단되면, 성장 과정이 그 단계에서 멈춰버리기 때문입니다.

5주차 또는 6주차에는 손가락만 발달하거나 팔 아랫부분 일부가 발달합니다. 우리는 임신 초기에 그런 발달이 방해를 받아 생기는 기형 사례들을 보았습니다.

그리고 이 시기에 머리와 꼬리가 얼마나 가까이 있는지 보

---

[6] 탈리도마이드는 1950년대 후반부터 1960년대 초까지 임산부에게 입덧 진정제로 처방되던 약물이었으나, 1960년대에 기형아의 원인이 될 수 있다는 사실이 밝혀져 판매가 중단되었다.

십시오. 원이 거의 달혀 있네요. 대단히 사실적인 이 배아 사진들은 실제의 배아를 찍은 것을 블레히슈미트Blechschmidt라는 해부학 및 발생학 교수가 확대했습니다. 그의 사진과 모형은 대단히 유명합니다. 그는 실제와 똑같이 자라나는 장기 모형들로 큰 전시회를 열기도 했습니다.

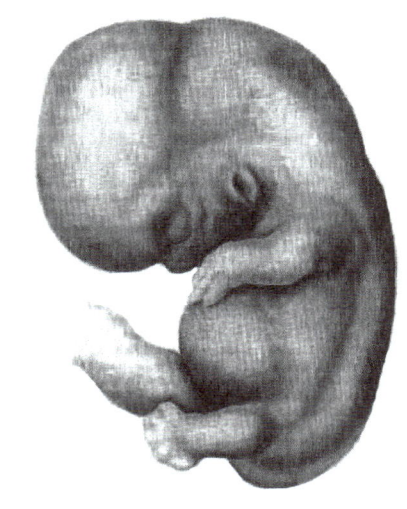

그림 6 사람의 배아 2개월 말

그리고 이것은 두 번째 달 말, 즉 7주차 또는 8주차 배아 사진입니다. 배아의 길이는 약 1.5cm입니다. 이 시기에는 손가락과 발이 보이고, 아랫다리가 발달하기 시작한 것도 보입니다. 이미 아주 잘 발달된 머리, 귀와 눈, 간, 손 아래의 심장을 볼 수 있습니다.

아기는 심장 위에 손을 얹고 있습니다. 오늘 여러분이 점토로 소조 작업을 한다면 이것이 정말 놀라운 소조 작업임을 알게 될 것입니다. 에테르체는 물질로 원형을 만드는 조소가입니다. 이 시기에는 모든 것이 투명하고 아직 광물화되지 않은 젤 상태입니다. 이 모든 형태는 먼저 액체와 같은 상태에서 작업이 이루어지고, 그 후 5개월이나 6개월이 되어서야 광물화가 빠르게 일어납니다.

아이가 태어나고 첫 3개월은 영아돌연사증후군이 발생할 수 있는 극도로 섬약한 시기입니다. 이 섬약한 시기에 아이는 다시 어떤 결정을 내려야 합니다. '나는 정말 살고 싶은 걸까?' 이것은 유산이 자주 발생하는 자궁 내 발달의 첫 3개월과 비슷합니다. 그래서 흥미롭게도 임신 첫 3개월은 매우 섬약하며, 생후 첫 3개월도 아주 허약합니다. 우리는 이를 일컬어 '두 번의 섬약한 첫 3개월'이라고 합니다.

이 첫 3개월 동안 두뇌의 신경계 역시 매우 빠르게 발달합니다. 출생 직후 우리 뇌의 피질 구조는 분화가 거의 이루어져 있지 않지만, 이후 모든 신경세포는 매우 빠르게 성장하여 수상돌기를 통해 서로 접촉합니다. 생후 3개월 동안 두뇌의 놀라운 조형력은 신경세포들이 자라 서로를 찾고 네트워크를 형성하도록 합니다. 3개월! 정말 뭔가가 극도로 빨리 벌어지는 시기입니다.

이처럼 신경망이 각인되기 시작하는 첫 3개월은 외부의 영향에 가장 취약한 시기입니다. 첫 해의 나머지 기간 동안에도

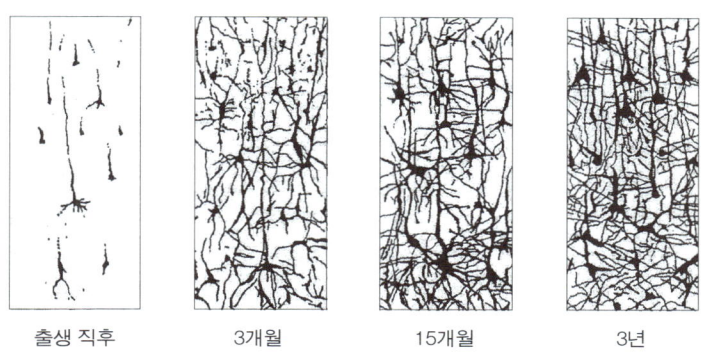

| 출생 직후 | 3개월 | 15개월 | 3년 |

그림 7 뇌세포 사이의 시냅스 형성을 보여주는 현미경용 대뇌 박편들

여전히 큰 변화가 일어나며, 그 후 두 돌, 세 돌, 그리고 네 돌이 지나면서 변화의 폭은 점차 감소합니다. 인간은 학습하는 존재이기 때문에, 두뇌 체계의 조형력은 평생 동안 우리에게 남아 있습니다. 우리는 결코 동물이 성체로 자라는 방식으로 어른이 되지 않습니다. 동물은 성체가 되면 살아가는 데 필요한 모든 것을 알게 되는 반면, 사춘기가 지나도 어느 한 사람 그런 것을 알지 못합니다. 이것이 인간과 동물의 큰 차이점입니다. 인간과 동물을 비교할 때 인간의 성장과정이 얼마나 섬세하고 취약한지를 분명히 하기 위해 그림을 몇 장 더 보여드리겠습니다.

다음 그림 중 왼쪽은 날새앙쥐의 골격입니다. 이 쥐는 아주 멀리 뛸 수 있습니다. 그리고 큼직한 뒷다리와 꼬리에 비해 앞다리는 아주 작습니다. 이 골격에서 우리는 쥐의 몸이 얼마

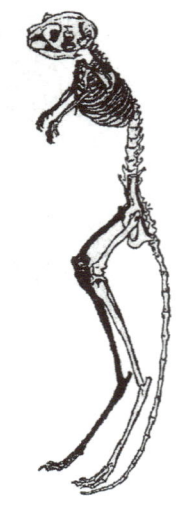

그림 8 날새앙쥐의 골격

나 고정되고 특화된 형태로 되어 있는지 생생하게 볼 수 있습니다. 이것은 모든 동물에게서 나타나는 전형적인 모습입니다. 동물의 몸은 삶에 필요한 모든 활동과 기능에 맞도록 잘 형성되고 준비되어 있습니다. 따라서 동물은 몸을 통해 완벽하게 자신의 행동 양식을 구현합니다. 반면에 인간은 평생 어린아이처럼 어색하고 특화되지 않은 형태로 살아갑니다.

여기에서 여러분은 이 여러 동물들의 사지 형태가 얼마나 다른지 보실 것입니다. 인간인 여러분의 팔과 손을 만져 보세요. 그런 다음, 새와 소를 비롯해서 사지의 형태가 엄청나게 특화된 동물들과 비교해 보세요.

인간은 평생 특화되지 않은 채로 머뭅니다. 동물의 발달에

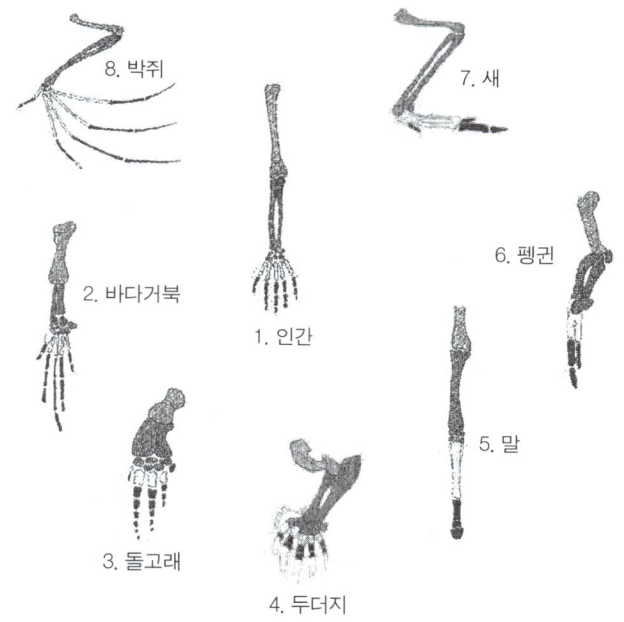

그림 9 앞다리(팔) 골격

서 배아기 및 유년기를 살펴보면, 특화되지 않는 인간의 모습이 원형적인 것임을 알게 됩니다. 이것은 유명한 침팬지 사

그림 10 침팬지 두상의 발달

진입니다. 오른쪽에는 멋진 성체의 모습이 있지요. 두개골이 아주 평평하고 주둥이가 상당히 튀어나와 있습니다. 가운데 사진의 청년기 침팬지는 다소 인간에 가까워 보입니다. 왼쪽의 신생아 침팬지는 인간 아기의 모습을 하고 있습니다. 높은 이마와 멋지게 둥근 뒤통수, 수직 형태를 이루는 얼굴 때문입니다. 인간의 얼굴은 수직을 이루고 있어요. 동물의 경우, 냄새 맡고 탐색하고 소리 내고 먹고 얼굴 아래쪽을 움직이는 것, 이 모든 것을 담당하는 기관이 머리로 여겨지는 부분보다 앞쪽으로 튀어나와 있습니다. 우리 인간은 직립한 신체에 담긴 수직 형태와 삼분 구조를 얼굴에도 똑같이 갖고 있습니다. 모든 기관이 머리 아래쪽에 자리잡고 있지요. 그래서 인간의 구조를 보면 아시다시피, 머리가 꼭대기에 있어서 어디로 가야할지 말해주어야 하고, 다른 모든 기관은 그것에 따르도록 되어 있습니다. 동물은 이와 다릅니다. 동물에게서 우리는 의지와 활동이 강력한 인도력을 가졌음을 볼 수 있습니다. 동물의 머리와 두뇌의 기능은 의지를 따르게 되어 있습니다.

우리는 예를 들어 모든 척추동물의 앞다리에서 이와 유사한 성장 과정의 기적을 볼 수 있습니다. 여기 새의 앞발을 봅시다. 맨 위, 새의 배아 발달 초기에서는 척추동물과 마찬가지로 손가락 다섯 개가 보입니다. 다음 단계에서는 손가락 두 개가 없어지고 세 개만 남습니다. 그런 다음 세 번째 단계에서는 남은 손가락들이 개별적으로 움직일 수 없는 상태가 되고, 그 가운데 두 손가락이 서로 점점 더 가까워지는 것을 볼 수 있지요.

그리고 마지막 단계에서 두 손가락은 하나로 합쳐집니다. 양 날개가 날 수 있는 상태로 자라고 손가락들이 비행 과정을 보조하게 되는 훌륭한 비행 골격이 완성될 때까지, 가운데 손가락은 가장 길게 자랍니다. 새는 다른 손가락들에 맞댈 수 있는 엄지가 필요 없어요. 우리가 손으로 할 수 있는 활동을 모두 다 해낼 필요가 없으니까요. 새는 비행이라는 특별한 기능을 수행하기 위해 다른 수많은 활동을 희생한 겁니다.

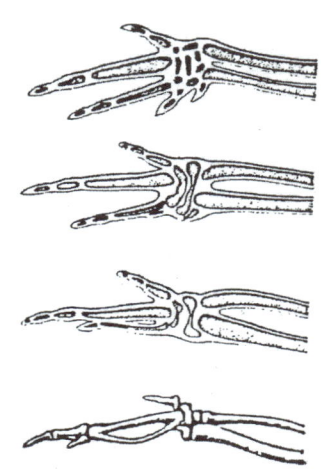

그림 11 조류 손가락의 변화

인간과 동물을 비교할 때, 동물은 배아의 발달 과정에서 전체 골격이 우선 인간과 같은 형태가 되고 나서 나중에 그 동물의 특정한 형태로 특화된다는 사실을 아는 것이 중요합니다. 이 점에서 우리는 인간을 진화의 끝에 놓는 다윈주의의 오류를 이해할 수 있습니다. 배아 발달을 살펴보면, 오히려 인간의 형태가 우선이고 모든 동물은 인간이 특화된 것임을 알 수 있습니다. 물론 인간과 동물 사이에는 긴밀한 관계가 있지만, 그 관계는 일반적으로 추측하는 것과는 정반대입니다. 여기에 담임교사 분들이 여럿 계시니, 간단한 일화를 나누고 싶습니다.

제가 학교의사로 일할 때, 저는 인원이 많은 학급에 들어가 12학년 교육과정에 있는 동물과 인간의 발달 그리고 아기를 돌보는 법 등을 가르쳐야 했습니다. 제가 교실에 들어가려는데, 키 큰 남학생 하나가 다가와 말했습니다. "글뢰클러 선생님, 인간이 유전적으로 원숭이에서 온 게 아니라고 말씀하실 생각이라면 단념하세요." 물론 저는 학생들에게 바로 그 이야기를 할 작정이었으니, 좀 고약한 상황이었지요. 그래서 생각했습니다. '이제 아이들에게 이런 사진들을 보여주는 건 불가능하겠구나. 이 연령대 아이들에게 원숭이에 대해 말할 수는 없겠어.' 그래서 저는 다른 척추동물들에 대해 더 많이 이야기했고, 학생들에게 이 그림을 보여주고는 간단히 물었습니다. "너희는 여기에서 무엇이 보이니? 발달 과정이란 대체 뭘까?" 그제서야 학생들은 제가 완전히 다른 방식이지만 결국 같은 이야기를 하고 있다는 것을 깨닫고는 무척 깊은 인상을 받은 모양이었습니다. 그리고 나서 우리는 다윈의 진화론과 발달을 둘러싼 의문들, 신체와 정신이 어떻게 관련되어 있는지에 대해 아주 훌륭한 토론을 했습니다.

형태의 측면에서는, 정신적으로 보아 인간은 동물의 발달을 따르지만 신체적으로 동물은 인간의 형상에서 벗어나 그들만의 동물적 특화에 들어간다는 것을 알 수 있습니다. 인간과는 정반대입니다. 우리는 신체적으로 인간의 형상을 가지고 있지만 정신적으로는 우리 안에, 우리 감정 안에, 우리의 공격성 안에 동물의 세계를 지니고 있습니다. 정신적으로 우리는 극복하지 못한 동물과의 유사성에 시달립니다. 마찬가지로 우리는 식물의 삶도 우리 안에 갖고 있습니다. 우리가 병에 걸리면 식물의 세계 역시 지속적으로 극복해야 한다는 사실이 명확해집니다. 그리고 광물의 세계도 마찬가지입니다. 만약 광물의 세계가 우리 안에서 너무 도드라진다면, 우리는 뼈와 결석에 의한 갖가지 질병을 얻게 됩니다. 그래서 우리는 인간 안에서 인간의 형상이 신체로 구현되지만 정신적으로는 항상 다른 세계들을 극복해야 한다는 걸 알고 있습니다. 신체의 성장 과정에 늘 존재하는 이 거대한 긴장을 이해하는 것은 교사에게 매우 중요합니다.

인간 골격의 직립 자세는 동물의 세계에서는 유일합니다. 이런 형태는 흡사 커다란 신생아, 몸집만 자란 신생아 같습니다. 특화되지 않은 것입니다. 이처럼 형태에서 특화가 이루어지지 않기 때문에, 우리는 동물과 달리 신체의 특화에 쓰이는 에테르의 성장력 잉여분을 엄청나게 갖게 됩니다. 인간 안에 남아 있는 이 힘이 영혼과 정신의 활동으로 변형됩니다.

인간 발달의 비밀은 우리가 선천적으로 이 성장 활동의 힘을 신체 영역으로부터 정신의 성장 과정 쪽으로 바꾸는 능력을 가졌다는 데 있습니다. 따라서 부모교육 행사를 경험한 분은 아시겠지만, 우리는 아이들 그림을 보여주는 걸 정말 좋아합니다. 아이들의 그림에는 이 놀라운 잉여 활동, 즉 몸에서 뿜어져 나오는 에테르체의 형성력이 어떤 모습으로 드러나는지 볼 수 있습니다. 또 그것이 두 손과 때로는 발에 활동적이고 생산적이며 무언가 건설적인 일을 하도록 자극하는지도 볼 수 있습니다.

그리고 아이들은 그림을 그릴 때 먼저 자신이 어떻게 구성되어 있는지 그리기 시작합니다. 이 그림들에서 여러분은 서너 살짜리 아이가 세계 어디서나 공통적인 인간의 원형상을 그릴 수 있다는 것을 확실히 볼 수 있습니다. 전 세계 아이들이 같은 그림을 그립니다. 아이들의 그림에 관한 서적들에서 알 수 있듯이, 아이들은 심지어

그림 12 아이들 그림

그 연령대가 가진 특별한 리듬체계도 그리기 시작합니다.

이것이 얼마나 구체적인지, 그리고 예술적 과정들이란 더 이상 신체 영역 안의 작업에 필요치 않은 잉여의 성장 활동을 사용하는 것일 따름임을 깨닫는 게 유익합니다. 우리 교사들은 자연적 힘을 예술과 정신 활동의 문화적 힘으로 변형시키는 일을 하는 것이니까요.

여기서 한가지 다른 것을 덧붙이고 싶습니다. 이것은 우리의 엉덩이뼈입니다. 이 구조의 뼈는 골반으로, 앉을 때 우리의 몸을 받치는 부분입니다. 골격이 직립 자세인 인간에게는 멋진 렘니스케이트 lemniscate[7] 형상이 있습니다. 저는 이 사진

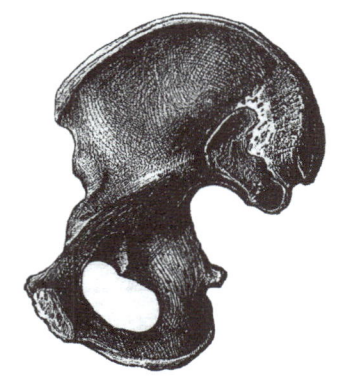

그림 13 엉덩이뼈

한 장만 보여드리지만요, 여러분은 몸의 곳곳에서, 심장에서,

---

7) 렘니스케이트("리본 모양")란 기하학 용어로, 직각 쌍곡선의 접선에 쌍곡선의 중심에서 내린 수선의 발의 궤적으로 주어지는 평면 곡선을 뜻한다. 쉽게 말해 '8'자나 '∞' 기호와 닮은 곡선이다.

근육에서, 무릎에서 이런 렘니스케이트 구조를 찾을 수 있습니다. 렘니스케이트 형상은 양극의 균형을 잡는 기능을 가진 부위에 늘 나타납니다. 여기 엉덩이에서 우리는 앞뒤, 좌우, 상하 간 체중의 균형을 맞춰야 합니다. 엉덩이는 체중의 갖가지 힘을 공간의 모든 방향으로 균형을 잡는 가장 강력한 부위입니다. 이런 형상은 다른 모든 종류의 양극성에서도 균형을 잡을 수 있는 최대의 기하학적 수용력을 가지고 있습니다.

그것은 여러 자세에서 일어나는 힘의 편중을 해소할 수 있는 리듬적 형태의 원형입니다. 이것은 신체가 얼마나 효율적으로 작동하는지, 그리고 모든 형상이 그것의 기능을 나타내고 있음을 보여주는 한 예일 뿐입니다.

또 다른 예는 눈의 형상입니다. 눈은 멋진 유리체, 시신경, 수정체, 홍채, 그리고 빛과 색이 들어오는 동공 등으로 이루어져 있습니다. 눈이라는 게 무언가를 본다는 특정한 기능이 구현되도록 구성되어 있다는 걸 알 수 있습니다.

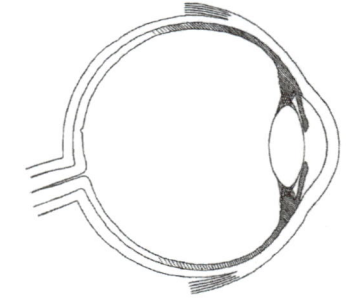

그림 14 안구

심지어 눈의 원형과 구형 구조를 보면, 그것이 전체 우주, 온 세계에 대한 구형의 상들을 만들 수 있다고 추측하게 됩니다.

이러한 형상들은 교사가 교육에서 동원하는 힘, 그리고 신체 성장 과정을 지원하고 육성하는 방법 등을 이해하는 데 도움을 줍니다.

심장의 기능은 말이죠, 한편으로 심장 근육의 이완 단계(확장) 동안에 심장 근육이 완전히 이완되어 만들어진 공간으로 혈액을 빨아들이는 것입니다.

그림 15 아래에서 본 심장

그리고 심장이 위축(수축)되면서 혈액을 내보냅니다. 결국 빨아들이고 내보내는 이중 기능을 갖고 있는데요, 이런 기능은 위에서 바라보는 심장의 형상에서 정확하게 드러납니다.

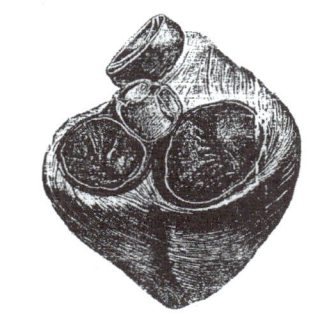

그림 16 위에서 본 심장

물질체 전체는 자기 언어로 이야기를 합니다. 즉, 인간 내부의 모든 것은 자신의 기능에 대해 이야기합니다. 신체의 세부적인 부분을 보든, 전체를 보든 똑같습니다. 이 이야기는 곧 인간의 형상이 스스로 자기가 무엇인지를 드러낸다는 것입니다. 제가 이미 앞에서 우리는 온몸을 곧게 펴고 다닌다고 말씀드렸지요. 그럼 몸의 언어는 이 올곧은 자세를 통해 무엇을 말하는 걸까요? 우리 몸 자체가 우리가 올곧은 존재라고 말하고 있습니다. 우리는 이것을 문자 그대로 공간적 의미와 정신적 의미, 양쪽으로 받아들일 수 있습니다. '올곧다(upright)'라는 말이 동시에 '진실하다', '올바르다'를 뜻하는 낱말이라는 점에서 그렇습니다. 따라서 우리 몸의 언어는 우리의 정신적 기능에 대해서도 이야기합니다. 외적으로나 내적으로 우리가 올곧은 존재라고 말하는 것입니다. 이 올곧음(직립성) 덕분에 우리의 중심은 윗부분과 아랫부분 사이에 있는데, 이 중심은 바로 심장의 힘, 즉 사랑이 자리잡고 있는 곳입니다. 사랑은 올곧은 우리 존재의 중심입니다. 우리 존재의 양극은 지혜와 권능이지만, 가장 중심적인 힘은 사랑입니다.

신체 언어의 측면에서 우리의 손을 보면, 우리가 특화되지 않았다는 걸 알게 됩니다. 그런데 이것은 무엇을 의미할까요? 우리는 자유롭게 원하는 것을 취할 수 있고 원하는 것을 행할 수 있습니다. 왜냐하면 우리의 신체가 우리 위에 군림하지도 않고 성인(동물이라면 성체)이 되도록 강제하지도 않기 때문입니다. 여러분이 제 손을 본다고 해도 제가 다음 순간에 폭력적으로 무기를 휘두를지, 아니면 아주 부드럽게 행동할지 맞출 수 없습니다. 여러분은 그것을 눈으로 보고 알 수가 없지요. 제 손이 하는 행동은 보이지 않는 제 생각과 감정에 달려 있습니다. 제가 제 몸을 이끌어가는 것이지, 제 몸이 저를 이끌어가지 않습니다. 이렇게 자유를 지향하는 우리의 성향을 엿볼 수 있는 팔입니다. 왜냐하면 늘어뜨리는 자세가 자연스러운 팔의 해부학적 구조는 오로지 여행 가방 같은 것을 들고 다니도록 되어 있기 때문입니다. 해부학적으로 팔은 여행 가방을 들고 다니게 지정되어 있는 겁니다! 그게 아닌 다른 행동을 하려면 저는 우선 제 손이 타고난 해부학적 위치에서 벗어나게 하려고 무언가를 해야 합니다. 저는 먼저 제 손을 자유롭게 하고 나서야 제가 원하는 것을 손으로 할 수 있습니다.

의사와 교사인 우리는 약 20년이 걸리는 긴 신체 발달 후에야 자아가 자리를 잡는 이 섬세하고 극도로 취약한 인간이 대체 어떤 존재인지를 이해할 필요가 있습니다. 우리는 잉여의 힘이 동물적 방향이 아닌 인간적 방향으로 발전하도록 하는 방식으로 신체적 성장이 자극되도록 서로를 이끌고 도와야 합니다. 이렇게 하는 게 쉬운 일이 아닌 까닭에 전 세계가 발달의 문제를 겪는 것입니다. 예를 들어, 어제 언급한 주의력결핍이 증가하는 문제가 있습니다. 주의력결핍이 있으면 자신의 자아 능력을 성취하기도 어렵고, 상황에 주목하여 '지금, 여기'에서 건설적인 활동에 진입하기도 어렵습니다. 이런 노력으로 안내하는 것은 머리입니다. 주의력결핍증을 가진 사람들은 무엇을 해야 할지 생각하는 법과 과제를 신중하게 수행하는 데 필수적인 주의를 집중하는 법을 배워야 합니다. 저는 이번 컨퍼런스에서 좀 더 실제적인 부분으로 들어가게 되면 우리가 그런 사례들을 이야기할 수 있기를 희망합니다. 우리가 어떻게 해야 머리의 힘이 학습 과정을 안내할 수 있도록 적절하게 지원할 수 있을까요?

그리고 우리에겐 또 다른 큰 문제가 있습니다. 바로 중독의 문제입니다. 그것은 가슴, 즉 사랑이라는 중심의 힘이 충분히 발달되지 않아서 생깁니다. 이런 상황에서는 다른 사람에 대한 사랑도, 세상에 대한 사랑도 없으며, 따뜻하고 밝은 내면 생활도 없습니다. 어떤 사람은 약물을 통한 자극을 원합니다. 흥미로운 내면 생활을 가진 사람처럼 느끼기 위해서 말이죠. 다른 사람들을 더 사랑하고, 화를 덜 내고, 덜 우울하며, 서로에게 진정한 관심을 갖기 위해 약물 또는 치료제로 몸을 자극하려 합니다. 자신의 영혼 활동과 행동이 장기의 기능과 물질 작용에 의해 지시를 받는 동물과 같은 삶을 원하는 것입니다. 이미 20년 전에 세계보건기구는 그 당시와 같은 속도로 중독 현상이 계속 증가한다면 2100년에는 전 세계 인구

두 명 중 한 명이 마약이나 약물에 중독될 것이라고 보고했습니다.[8]

이것은 의사와 교사에게 무엇을 의미하는 걸까요? 우리가 신체 발달을 어떤 식으로 이끌고 자극해야 아이들의 영혼이 빛과 색으로 가득 차 평온함을 느끼고 어느 정도 그 자체로 만족하여 연민, 사랑, 관심과 함께 세상 그리고 사람들과 관계 맺을 준비가 될까요?

우리의 감정 활동에 숨겨진 비밀이 대체 무엇이길래, 그 감정은 걸핏하면 상위 영역과 하위 영역 사이에 끼이고, 그래서 거기에 생긴 공허함 안으로 빨려 들거나 밀려 들어, 결국 약물에서 도움을 얻으려는 지경이 되곤 하는 것일까요? 먼저 어린이와 성인에게서 벌어지는 이런 현상을 이해한 뒤, 온전한 발달에서 점점 더 멀어지게 되는 이 위험을 극복하도록 돕는 일은 정말이지 엄청난 과제입니다.

마지막으로, 약물 중독으로 이어지기 쉬운 주의력결핍과 애정 결핍 다음으로 우리는 세 번째 문제를 만나는데요, 사지에 들어 있는 공격성과 성의 악용과 성적 학대 문제입니다.

---

8) 현재 미국에서는 국가차원에서 마약중독 문제를 심각한 위기로 보고 있다. 미 정부는 2019년 국가비상사태를 선포했을 뿐 아니라 2020년 세계 최대 유통업체인 월마트를 마약성 진통제 '오피오이드Opioid' 오남용을 조장했다는 혐의로 고소했다.

이 문제의 핵심은 우리의 물질체, 즉 성적 체계와 사지 체계, 신진대사체계와 골격계를 인간적 방식으로 사용할 능력이 없다는 것입니다. 건강한 사람은 이 체계를 이끌고 통제해서, 동물과 같은 것이 아니라 정말로 인간다운 성생활을 할 수 있습니다. 물론 동물들은 본성에 담긴 리듬으로 성생활을 하는 겁니다만. 만약 인간이 동물과 같은 성생활을 한다면 그것은 자신이 원하는 방향으로 자기 욕망을 이끄는 게 아니라 자신의 신체적 욕망에 의해 이끌려간다는 것을 의미합니다.

이러한 것들이 바로 현대의 주요 문제들입니다. 성과 의지 활동을 인간적으로 사용하고 범죄 성향과 공격성을 이겨내도록 교육하는 방법은 무엇일까요? 어떻게 하면 아이들의 감정 활동이 건강하게 자리잡아 약물 남용이 감정 활동의 자리를 차지하는 일을 막을 수 있을까요? 어떻게 하면 아이들의 주의력을 자극하여 자아의 힘이 인간의 상위 영역을 이끌어가게 할 수 있을까요? 이것이 우리가 직시해야 하는 커다란 과제입니다.

저는 아마도 여기 많은 분들에게 낯설지 않을 생리학 도표 하나로, 성장 과정의 섬세함과 연약함 그리고 그것의 적절한 자극에 대한 소개를 마무리 짓고 싶습니다. 이 도표는 출생에서 만 20세 사이의 성장 과정에서 여러 기관의 발달이 어떻게 진행되는지 보여줍니다. 여기에서 100%란 성인 수준을 나타냅니다. 흉선(가슴샘)은 만 10세 또는 만 11세까지 빠르게 발달하고, 그 후에는 성인 수준으로 내려갑니다.

그리고 생식 기관의 성장 곡선은 흥미롭게도 흉선 및 두뇌의 성장 곡선과 정반대인 모습을 보입니다.

제가 보여드렸던 배아의 거대한 머리 조직을 떠올려보세요. 그것으로부터 우리는 최대치를 보인 두뇌 성장이 출생 후 첫 2년 동안 지속된다는 사실을 알 수 있습니다. 두뇌 발달의 80%는 이 첫 2년 동안 이루어지며, 이때는 아이들이 언어를 포함해 매우 많은 것을 배우는 시기입니다.

아이들이 유아교육 현장에 들어가는 만 3, 4세에는 이미 두뇌 발달의 약 90%가 이루어진 상태입니다.

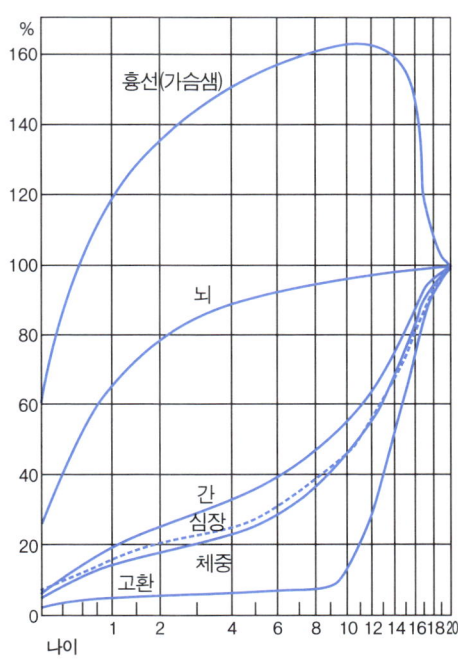

그림 17 연령별 발달

따라서 교육자가 가장 많이 실패할 수 있는 가장 섬세하고 연약한 시기는 첫 3년입니다. 왜냐하면 우리 몸의 물리적 구조는 성장 속도가 빠를수록 그만큼 더 연약해지기 때문입니다. 만 4세에서 6세 사이의 유아기에도 두뇌는 어느 정도 성장하지만, 학창시절의 후반부로 갈수록 성장률은 계속 감소합니다. 그래서 상급과정 교사는 유치원 교사보다 부지불식간에 아이에게 해를 끼칠 가능성이 적습니다. 이런 이유로 루돌프 슈타이너는 어떤 사람들에게 어린아이들을 가르치는 걸 허락하지 않았습니다. 예를 들어, 슈타이너는 굉장히 훌륭한 수학자이자 물리학자였던 E. L.에게 상급과정에서부터 시작하라고 말했습니다. "당신은 우선 몇 년 동안 상급학생들을 만나야 합니다. 그런 다음 우리는 당신에게 1학년 담임을 맡길 수 있을지 생각해볼 것입니다." 지금은 상황이 많이 바뀌긴 했지만, 슈타이너는 완전히 생리학적으로 사고했습니다. 그리고 그는 제가 어제 소개한 "교육법칙"을 통해 한 사람이 다른 사람에게 미치는 영향이 얼마나 큰지 알았습니다. 그래서 그는 "상급과정에서는 당신이 더 이상 아이의 신체에 영향을 미칠 수 없으니까요" 하고 말했습니다. 하지만 출생 후 초기에는 정말로 많은 일이 일어나고 있으므로, 유치원 교사는 나이가 많고 노련하고 원숙해야 합니다. 글쎄요, 가장 이상적인 방식으로 모든 일을 할 수는 없겠지만 이상적인 방식이 대략 무엇인지 아는 것은 매우 바람직한 일입니다. 왜냐하면 아이가 어릴수록 아이의 신체에 대한 우리의 영향력이 더 크다는 것을 그저 아는 것만으로도 우리가 교육적으로 강해지기 때문입니다.

생식 기관, 즉 난소와 고환의 기능 발달은 두뇌 발달과는 정반대의 곡선을 보입니다. 출생 후 첫 6년 동안은 거의 발전이 없다가 만 8, 9세부터 시작되는 사춘기 전 시기에 여러 일들이 벌어지기 시작합니다. 만 10세가 되면 생식 기관의 성장이 급격히 빨라지고, 그때부터 만 16세까지 그 기능은 거의 90%로 올라갑니다. 이것이 두뇌 발달과 완전히 정반대의 상황임을 아시겠지요. "두뇌가 먼저 발달한 뒤에 생식 기관이 발달한다." 이것이야말로 진정 발달의 고유한 특징입니다. 이 사실은 우리에게 생물학적 지침 하나를 제시합니다. "먼저 사고를 잘 할 수 있게 되어야 신체의 다른 부분을 함부로 쓰지 않게 된다. 그래서 다른 부분이 나중에 발달하는 것이다."

성적인 문제를 예방하고 싶다면, 우리의 머리가 제대로 자리잡게 하고 신경계에 대한 전체적 통제가 잘 확립되도록 하는 작업이 중요합니다. 그렇게 되면 성적 발달이 진행될 때는 이미 든든한 안내자가 있게 됩니다.

이제 우리는 루돌프 슈타이너가 어린이에게 두 가지 다른 성장 충동이 있다는 사실을 왜 교육학 강의에서 자주 언급했는지를 이해할 수 있습니다. 첫 번째 성장 충동은 에테르체에서 나옵니다. 이것은 큰 머리, 즉 그 놀라운 두뇌 곡선에서 처음 드러나는 조형화, 구조화의 충동입니다. 이 조형화는 이미 출생 후 첫 7, 8년 동안 대부분 완성되며, 이 성장기는 상당히 조화롭습니다. 그런 다음 그것과 반대되는 성장의 추진력이 사춘기에 아랫부분, 즉 성적 기능과 사지에서 시작합니다. 아스트랄체가 이 두 번째 추진력을 이끕니다. 이 두 번째 힘은 조형이 아니라 음악의 특성을 가지고 있습니다. 내일 저는 아스트랄체의 음악적인 힘과 언어의 힘이 성장 과정에 미치는 영향에 대해 말씀드릴 것입니다. 그리고 나서 우리는 연극의 교육학적 중요성을 다룰 것입니다.

3강

성장의 힘에서 지성의 힘으로 변형되는 에테르체와 아스트랄체의 리듬 본성

- 남녀간의 성장 역동성 차이
- 신체 활동이 정신 활동으로 바뀌는 과정
- 본능 결핍을 메꾸는 자유
- 성장의 힘이 지성의 힘으로 바뀐다
- 에테르 힘은 사고 능력으로, 아스트랄 힘은 감정 활동으로
- 사고의 역동성: 고정성, 유동성, 개방성, 열정

1998년 2월 17일 화요일

　아이들 몸의 성장 활동은 조용합니다. 너무나 조용해서 매 순간 아이들의 몸이 성장하고 만들어지고 있다는 걸 깨닫기 위해서는 우리 쪽에서 약간 의식적으로 다가가야 합니다.

　성장 과정의 놀라운 역동성 중 하나를 보여드리겠습니다. 키가 자라는 데 따른 몸무게의 증가인데요. 우리는 엄마가 아기를 키우면서 기록하는 메모를 통해 아기들이 보이는 전형적인 성장이 어떤지 압니다. 또 의사는 아기의 몸무게와 키를 측정하고 아기의 성장률을 확인하기 위해 차트를 살펴봅니다. 아기의 성장이 한두 가지 측면에서 정상인지, 정상보다 이른지, 아니면 과도한지 보는 것이죠.

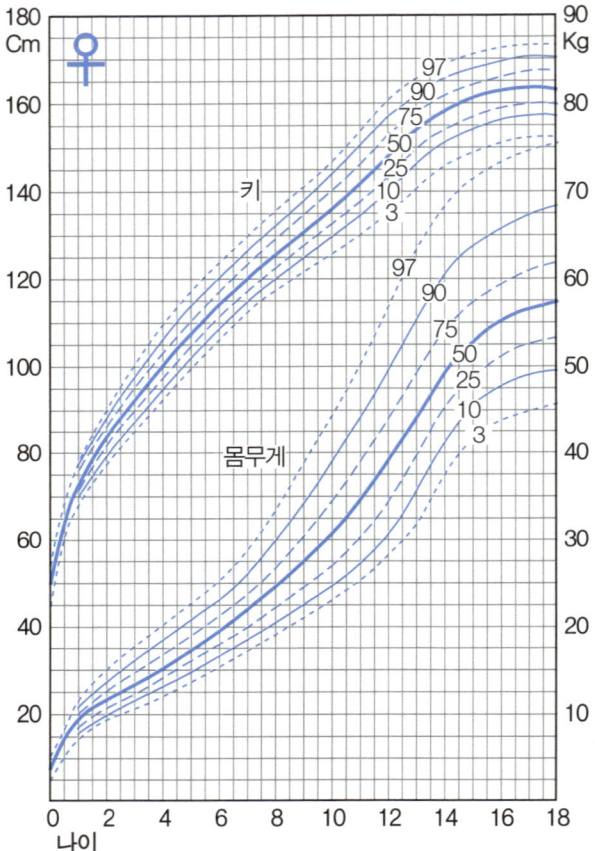

그림 18 키와 몸무게 백분율: 여아

 성장의 역동성은 여자아이와 남자아이가 약간 다릅니다. 이 성장 과정의 특별한 역동성을 알아보는 것은 성장의 동반자라고 할 수 있는 우리 교사와 의사에게도 쉽지 않은 일입니다. 이제 우리가 이 역동성을 좀 더 명확하게 읽어낼 수 있도록 구

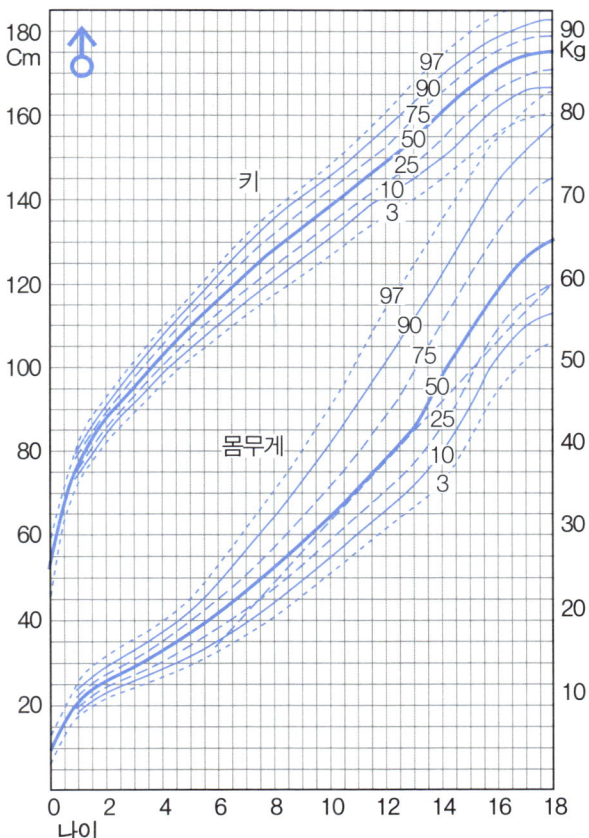

그림 19 키와 몸무게 백분율: 남아

체적인 예를 몇 가지 보여드리겠습니다.

태어날 때는 남아가 더 무겁습니다. 여아는 좀 더 빨리 자라서 만 4세가 되면 남아의 몸무게와 거의 같아집니다. 만 12

세부터는 남아의 몸무게가 더 빠른 속도로 증가합니다. 여아의 증가율은 대략 만 15세부터 현저히 느려지는 반면, 남아는 만 18세 이후까지 빠른 속도로 계속 증가합니다.

키는 태어날 때 남아가 더 큽니다. 하지만 여아의 크는 속도가 더 빨라서 10세가 되면 남아보다 키가 더 커지지요.

그 뒤로는 남아가 더 빨리 크기 때문에, 여아의 성장 속도가 떨어지는 만 16세쯤이면 여아보다 키가 더 커집니다. 그리고 나서 남아는 대략 18세까지 계속 키가 큽니다.

어제 우리는 임신 2개월 후에 배아의 길이가 2cm도 채 안되는 것을 보았습니다. 그런데, 놀랍게도 배아는 마지막 7개월에서 8개월 사이에 3kg이 되고 50cm로 자랍니다. 처음에는 몸무게와 키가 매우 느리게 자라지만, 자궁 내 발달의 첫 두 달 동안에는 엄청난 형성 활동이 벌어지지요. 그때 모든 신체 형태를 위한 완전한 기초와 형성의 각인이 이루어지고, 나중에는 단지 몸무게와 크기만 증가하는 것입니다. 몸무게와 키가 거의 역할을 하지 않는 첫 두 달 동안 '외적 특징'(physiognomy)은 이미 형성되고 마련됩니다. 따라서 형상(form)과 질료(substance) 사이에는 어떤 긴장이 있습니다. 임신 초기에 우리는 많은 형상과 아주 적은 질료를 볼 수 있는 반면, 임신 말기에는 적은 형상과 더 많은 질료를 볼 수 있습니다.

갓난아기의 몸무게는 대략 3kg이고 키는 50cm 정도입니다. 그리고 첫 7년 동안 20kg이 더 늘어납니다. 5개월이 되면 아기의 몸무게는 6kg이 되어 태어날 때의 두 배가 됩니다. 물론 이때는 일생에서 몸무게가 5개월 안에 두 배로 늘어나는 유일한 시기입니다. 나중에는 아무리 노력해도 결코 그렇게 될 수 없겠지요. 만약 그 속도로 계속 성장한다면 우리가 얼마나 무거워질지 계산조차 할 수 없지만, 물론 그렇게 되지는 않습니다. 첫 7년 동안 우리는 대략 총 20kg이 되고, 그 다음으로 14년째에는 거의 20kg이 더 늘어납니다. [9]

만 10세부터 시작해서 만 14세가 될 때까지 먼저 남아와 여아 사이에 차이가 발생하지만, 흥미롭게도 그 뒤로 다시 그 차이가 균형을 맞추는 과정이 이어집니다. 세 번째 7년 주기 동안에는 그와 거의 반대에 가까운 변화가 일어납니다. 이 시기에 남아는 평균 26kg이 느는 데 비해, 여아는 11kg밖에 늘지 않습니다. 그래서 여아는 사춘기 전과 사춘기 동안에 몸무게가 급격히 늘어나는 경험을 하는 반면, 남아는 그 뒤 만 16,

---

9) 평균 체중은 전체적으로 증가 추세이다. 2020년 대한민국 교육부에서 발표한 '2019 학생 건강검사 표본통계'에 따르면 평균 체중은 초등학교 1학년(7세) 남학생이 25.5kg, 여학생이 24kg이고, 중학교 2학년(14세) 남학생은 61kg, 여학생은 53.3kg이다.

17세 무렵에 몸무게가 가장 급격하게 늘어나는 것을 체험한 다는 차이를 보입니다.

키도 이와 유사한 변화의 차이가 있습니다. 50cm이던 신생아는 만 7세 사이까지 평균 78cm가 더 자랍니다. 7세 때 평균키는 남녀 모두 1m 28cm입니다.

그 뒤로 두 번째 7년 주기에 남아는 평균 28cm가 자라는 반면, 여아는 평균 31cm로 다시 더 빨리 자랍니다. 그리고 나서 세 번째 7년 주기에 남아는 평균 20cm가 자라는 동안 여아는 6cm만 자랍니다.

따라서 키가 크는 수직적 성장 과정과 몸무게가 늘어나는 수평적 성장 과정은 상당히 다릅니다. 수평적 성장은 7년 주기마다 평균 20kg씩 균등하게 진행됩니다. 반면 수직적 성장은 첫 7년 주기 동안 가장 큰 비율로 이루어집니다. 그런 다음 두 번째 7년 주기의 성장은 첫 번째 주기의 절반이 채 안 됩니다. 그리고 세 번째 주기에는 남녀 모두 평균 성장이 첫 번째 주기의 약 1/3이지만, 여아의 경우에는 미미한 성장을 보입니다. 따라서 가장 큰 증가율이 약 100%, 그 다음이 약 50%, 그리고 1/3 정도입니다.

그래서 우리는 첫 7년 주기가 성장하는 힘의 매개자인 에테르체가 가장 활동적인 시기라는 사실을 이해하기 시작합니다. 그 뒤로 이 엄청난 성장 활동은 약화되어야 하는데, 이것이 우리가 "취학 가능 상태"라고 부르는 것입니다. 이런 상태 전환에는 이갈이, 그리고 성장하는 힘이 지적인 힘으로 변형되는 것이 포함됩니다. 이때 첫 7년 동안의 풍부한 성장 활동을 자극했던 에테르 힘의 대부분이 물질체로부터 해방됩니다. 에테르 힘의 절반 정도만이 물질체에 남아서 몸의 추가적인 성장 과정을 천천히 그리고 조심스럽게 진행시킵니다. 그리고 두 번째 7년 주기가 끝날 무렵, 물질체에는 에테르 힘의 1/3 또는 그보다 적게 남게 되는데, 그 차이는 사춘기 이후에 얼마나 더 자라야 자신의 최종 신장에 도달하는가에 따라 결정됩니다. 따라서 이 도표는 수직적 성장 과정이 매우 특별한 것이고, 각각의 7년 주기마다 뚜렷한 특성이 있다는 것을 분명히 보여줍니다.

이제 저는 이 성장 활동에 아스트랄체와 자아의 힘들이 어떻게 참여하는지, 그리고 에테르체, 아스트랄체, 자아의 힘들이라는 본성이 어떻게 함께 작용하여 신체 활동을 영혼과 정신의 활동으로 전환시키는지에 대해 간략하게 설명하고자 합니다.

우리는 에테르 힘, 아스트랄 힘, 자아의 힘이라고 부르는 본성이 있습니다. 문제는 이런 힘들을 어떻게 구체적으로 인식하고 개념을 갖는가 하는 것입니다. 어제 저는 물질체의 형성 과정을 개괄적으로 이야기했습니다. 우리는 인간과 동물의 성장 과정을 비교하여 특화를 지향하는 동물의 성장과 그렇지 않은 인간의 성장이라는 이미지를 갖게 되었습니다. 이 이미지는 에테르 힘이 신체 활동에서 사고 활동으로 변형되는 것을 이해하는 데 필요한 핵심적인 이미지입니다. 동물에게서 에테르 힘은 남김없이 전적으로 물질체 내에서 작용하며, 그 결과로 동물의 지성은 100% 물질체 속에 있게 됩니다. 이것은 모든 동물의 신체와 본능 프로그래밍에 담긴 엄청난 지혜와 지성입니다.

그러나 인간의 물질체에는 본능에 큰 결핍이 있다는 걸 관찰할 수 있습니다. 우리 세기의 모든 생물학자는 이것을 발견하고는 각기 다른 이름으로 불렀습니다. 우리 모두는 "본능결핍증후군"을 앓고 있는데, 이 때문에 우리는 동물들이 자연스럽게 알고 있는 것들을 힘들게 배워야 합니다. 동물들은 무엇을 먹고, 얼마나 먹고, 언제 먹어야 건강을 유지할 수 있는지 알고 있습니다. 이런 것들을 인간은 굳이 배워야 합니다. 우리는 그것들을 모르는 상태로 태어났습니다. 우리는 이 식생활 문제를 관리하는 데 엄청난 지성을 투자해야 합니다. 사람들이 식생활을 제대로 하는 법을 잘 모르고 또 제대로 관리하지도 못하는 덕분에 아주 많은 사람이 벌어먹고 삽니다. 학교에는 건강의 기본을 가르치는 프로그램이 있지만, 대부분

별다른 성과를 내지 못합니다.

어제 저는 약물 문제도 언급했습니다. 우리의 많은 질병이 적절한 시간대에 충분히 잠을 잘 수 없어서 발생합니다. 잠을 자려고 약물을 사용하는 사람만도 수백만 명에 이르고 그 숫자는 더욱 늘어나고 있지요. 이런 본능 결핍은 점점 커지는 것 같습니다. 식사와 수면 문제 다음으로 성 문제가 있습니다. 물론 두 성이 함께해서 새로운 동물과 인간이 태어나도록 하는 것은 아주 자연스러운 일입니다. 그리고 동물들은 그 일을 적절하게 실행하는 방법을 정확히 알고 있습니다. 하지만 인간은 여기서도 많은 문제를 가지고 있습니다. 모든 신문은 그것을 둘러싼 문제로 가득합니다. 심지어 대통령도 그걸 잘 모르는 때가 있는 모양입니다.[10]

이 본능 결핍은 일반적이고 세계적인 것이어서 예외가 없습니다.

하지만 우리의 본능 결핍과 지성이 균형을 맞춘다는 쉽지 않은 요구는 사실 우리의 인간적 존엄을 위한 기초입니다. 질적 특성으로서의 자유, 영혼과 정신의 성장 차원에 있는 자유

---

10) 빌 클린턴의 문제를 암시하는 것으로 보인다. 미국의 42대 대통령인 빌 클린턴은 1998년 1월 백악관 인턴직원 모니카 르윈스키와 불륜을 저질렀고, 이를 비롯한 여러 성추행과 위증 혐의로 탄핵소추를 당했다.

가 가능하려면 그런 본능 결핍이라는 생리학적 토대가 있어야 합니다. 본능이란 우리를 자유롭지 못하게 하는 지혜입니다. 본능 프로그램이 아주 잘 형성되어 있는 경우에 우리는 항상 그것을 따를 것입니다. 그러면 그 수준에서 우리는 생각하지 않고 행동할 뿐이지요. 따라서 결핍이 더 많을수록, 우리의 자유는 더 많이 발달합니다. 우리는 습관을 만드는 법, 행동하고 반응하는 법 등을 우리 몸에게 가르칠 수 있습니다. 그래서 평생 동안 우리는 그저 우리의 자유를 훈련하여 본능 결핍을 메우는 교육이 필요합니다. 이 문제를 명확하게 이해하면 할수록, 우리는 에테르 힘의 본성을 더 명확하고 더 구체적으로 이해할 수 있습니다.

루돌프 슈타이너는 성장의 힘이 지성의 힘으로 변형되는 것을 관찰해 보라고 제안합니다. 저는 학교의사로 일할 때 1학년 교실을 방문하면서 처음으로 이에 대해 공부하고 관찰하기 시작했습니다. 그리고 만 6세에서 만 8세 사이에 에테르체에 큰 변화가 일어난다는 것을 알았습니다. 그리고 이 변화가 치아와 관련된다는 것도 알게 되었습니다. 영구치의 경화 과정은 만 6세에서 만 8세 사이에 일어나며, 그 평균 연령은 만 7세입니다. 영구치는 실제로 만 7, 8세 또는 만 9세에 걸쳐서 나오지만, 에나멜 물질 자체의 성숙은 만 7세에 이루어집니다.

그리고 사고를 가능하게 하는 힘이 몸을 형성하고 성장시키는 것과 동일한 힘이라는 것이 사실이라면, 우리는 1, 2학년 아이들의 지적 활동에서 무언가를 깨무는 특성을 주시해야 합니다. 성장 활동에서 일어나는 모든 것은 사고에서도 일어납니다. 이 점을 분명히 보여주는 몇 가지 예를 보여드릴 테니, 불확실한 부분은 여러분이 채워 이해하시기 바랍니다.

1학년 학급을 관찰해 보면, 교사가 말합니다. "이제 선생님이 이야기를 하나 들려줄게요." 몇몇 아이는 이미 그 이야기를 알고 있으니, 아이들은 갖가지 반응을 보입니다.

이야기를 이미 알고 있는 1학년 학생들은 두 그룹으로 나뉩니다. 한 그룹은 "아, 이 이야기를 다시 듣게 되었네"라고 하듯 눈을 빛내면서 즐겁게 이야기를 듣습니다. 이 아이들은 아직 영구치의 경화가 완성되지 않았습니다. 여전히 유치원생 상태인 이 아이들의 기억은 반복을 좋아하며 무언가를 반복함으로써 기억이라는 걸 경험합니다. 그 다음에, "에이, 아는 얘기잖아요. 좀 재미있고 새로운 얘기 없나요?" 하고 반응하는 아이들이 있습니다. 이 아이들은 이미 치아에서 에테르체의 힘을 변형시켰습니다. 정신적으로 무언가를 깨물 수 있는 겁니다. 이것이 바로 추상적인 기억력의 토대입니다. 무언가를 지적인 힘으로 깨물 수 있는 사람은 들은 이야기를, 그 내용을, 배운 무언가를 붙잡고 있을 수 있습니다. 이 아이들은 한발 더 나아가, 자기가 무언가를 놓치거나 잊어버렸을 경우에만, 아니면 들은 것을 더 분명히 알고 싶을 때만 반복하려 합니다. 그게 너무 좋아서가 아니고요.

이게 얼마나 명백한 사실인지 깨달았을 때 저는 정말이지 기뻤습니다. 왜냐하면 그때까지 종종 이렇게 자문했기 때문입니다. '왜 항상 치아야? 치아가 뭔데 그렇게 특별하고 중요하다는 거지? 흥미로운 기관이 얼마나 많은데 왜 항상 치아냐고!' 하지만 저는 그때 치아야말로 전혀 재생되지 않는 유일한 기관이라는 사실을 깨달았습니다. 그 덕분에 치과의사들이 모두 먹고 살잖아요. 우리의 신경계는 밤에 훌륭하게 재생됩니다. 낮 동안에는 새로운 신경세포가 자랄 수 없지만요. 신경계는 사고 활동에서 두 번째로 중요한 체계입니다. 그리고 세포의 재생과 생성 활동이 활발한 기관들이 세 번째로 중요한 체계가 됩니다. 그러나 치아는 사고 활동을 위해 에테르 힘의 100%를 해방시켰습니다. 그렇게 할 수 있는 유일한 기관이 치아입니다. 그에 비해 다른 모든 기관은 재생에 사용되지 않는 에테르 힘만 변형시킬 수 있습니다.

우리는 이미 임신 초기에 가장 많은 형성 활동이 진행되는 동시에 몸무게와 신장이 가장 적게 증가한다는 것을 알게 되었습니다. 마찬가지로 첫 7년 주기 동안에는 형성 및 성장 활동이 가장 중요하고 두드러집니다.

그런 다음 이 활동은 극적으로 줄어듭니다. 형성력은 신체를 벗어나야 하고, 그래서 모든 감각 기관, 두뇌, 전체 신경계가 8~9년 뒤에 형성 활동을 중단합니다. 눈과 귀는 이 시기까지 완전히 성숙합니다. 실제로 어느 감각 기관이든 더 잘 성숙하도록 자극할 수 있는 시기는 첫 7년 주기가 유일합니다. 그 다음 그룹은 리듬 기능을 담당하는 심장과 폐로, 이 기관들의 성숙 기간은 좀 더 길어서 대략 16년 정도 걸립니다. 여아가 조금 빠르고 남아는 그보다 늦습니다. 그리고 신진대사계와 골격계가 완전히 성숙하려면 18년에서 21년이 걸립니다.

만 7세에서 만 8세 사이, 학교에 입학할 무렵, 우리의 신경계와 감각계는 형성 활동의 대부분을 사고 능력의 발달에 내줍니다. 1학년과 2학년 아이들에게서 우리는 상(picture)의 성격을 지닌 사고, 형태를 만들어가는 사고를 하는 모습을 관찰할 수 있습니다. 이 연령대 어린이의 사고 능력에는 아직 리듬체계의 기능에서 보이는 역동성, 즉 숨을 들이쉬고 내쉬는 리듬이나 심장의 박동과 같은 역동성을 갖고 있지 않습니다. 담임과정 저학년 아이들은 아직 상급과정 아이들이 갖고 있는 무언가, 즉 골격계와 신진대사계에서 오는 사고의 질적 내용이 없습니다.[11] 그 내용은 바로 생식(reproduction)과 창조성입니다. 사고의 이런 질적 내용은 생식 기능이 시작되는 사춘기와 함께 나타나며, 신진대사계가 완전히 성숙하는 데 몇 년이 걸리기 때문에, 생식이라는 사고의 질적 내용은 오랜 시간에 걸쳐 발달하게 됩니다.

물질체와 관련하여 사고 활동의 발달을 살펴보는 것은 의사나 교사인 우리에게 중요한 일입니다. 왜냐하면 우리가 학생들에게 가르치는 지적 활동이 항상 학생들의 나이에 맞아야 한다는 것을 명심해야 하기 때문입니다. 에테르 힘의 형성 활동 가운데 대부분이 신경계와 감각계를 형성하는 임무에서 해방될 때, 비로소 우리는 무엇인가를 상으로 만들어 기억하는 능력을 얻습니다. 이것이 바로 아이들이 그림으로 된 것과 움직이는 것에 끌리는 이유입니다. 그림이나 움직이는 것에는 에테르 힘의 역동성이 있기 때문이죠.

만 14세에 리듬체계를 통해 작용하던 에테르 힘이 물질체로부터 해방되어 역시 14세에 자유로워지는 아스트랄체와 결합될 때, 새로운 질적 내용들이 나타납니다. 새로운 에테르체적 내용은 사고 능력 속으로 들어가고, 아스트랄 힘의 해방

---

11) 국내 발도르프 학교에서는 1-8학년까지를 담임과정, 9-12학년을 상급과정이라고 부른다.

또는 탄생은 청소년들에게 성숙한 감정 활동의 토대를 제공합니다. 아스트랄 힘이 탄생하기 전에 감정 활동은 물질체와 연결되어 있었는데, 그 뒤에는 감정 활동이 의식 활동과 연결됩니다. 청소년들은 더 이상 아이들처럼 감정 상태에 신체적으로 반응하지 않습니다. 예를 들어 아이들은 즐거우면 팔짝팔짝 뜁니다. 청소년들은 즐겁다고 해서 그렇게까지 뛰지는 않습니다. 청소년기에 이러한 힘들이 신체로부터 해방되면서 감정은 점점 더 순수하게 영혼적인 활동에 지배되며, 신체와의 관계는 점점 줄어듭니다. 그렇게 되면 청소년들은 해방된 감정 활동을 이 시기의 지적 활동에 끌어들이는 것이 과제가 됩니다. 이것은 가장 민감한 교육학적 문제에 속하고, 그래서 우리는 나중에 다시 이 문제로 돌아오게 될 것입니다.

하지만 저는 우선 지적 힘들에 대한 이야기를 마저 한 뒤에 아스트랄체와 자아의 힘이 풀려나는 과정을 설명하는 것으로 신체 형성 활동이 영혼과 정신의 능력으로 변화하는 것에 대한 개요를 마무리하려 합니다. 왜냐하면 당연히 우리는 신체, 영혼, 정신 모두를 교육하기 때문입니다. 의학적이고 교육학적인 방식으로 하는 일에서 다음 단계들로 나아가기 위한 공통의 토대 구축을 가능한 한 간략하게 설명하도록 노력하겠습니다.

우리가 사고의 영역에서 에테르 힘과 함께 작업한다는 사실을 다시 한번 살펴보겠습니다. 신체에 있는 여러 기관 체계는 그 작동법이 매우 다양하고 정밀하며 정확합니다. 잠깐 우리의 사고를 되돌아보면서, 물질체 안에서 온전하게 기능하는 유기적 조직과 그 세세한 부분들까지 어떻게 우리 사고 안에 등장하는지 체험해 봅시다. 앞에서 제가 치아의 예를 들었습니다만, 이제 우리의 사고 활동이 어떻게 작동하는지 좀 더 살펴보겠습니다.

물론 우리는 사고에서도 성장 활동을 발견합니다. 우리의 지혜, 사유, 상상, 관점은 성장할 수 있습니다. 또한 사고에서 소화의 전체 과정과 같은 것을 발견합니다.

분해와 합성 능력을 가진 신진대사계는 만 14세에서 만 21세 사이에 성숙해집니다. 따라서 우리는 10대들에게 이 분해와 합성이라는 질적 특성이 분석적이고 종합적인 사고, 즉 철학적 사고 능력으로 나타나는 것을 보기 시작합니다.[12] 소화를 할 때 우리는 분해 활동에 참여합니다. 심지어 우리 몸을 구성하는 물질을 연소시킬 때도 마찬가지입니다. 우리는 세포의 죽음과 재생에서 그런 과정을 봅니다. 신체를 구성하는

---

12) 신진대사계에서 벌어지는 분해와 합성의 과정(analytic and synthetic processes)은 철학적 사고 능력의 분석적이고 종합적인 사유의 과정(analytic and synthetic thought processes)과 연결된다. 여기에서는 소화와 관련하여서는 분해와 합성, 사고와 관련해서는 분석과 종합이라고 옮겼다.

물질이 재구성되는 과정은 가장 놀랍고 복잡한 형태의 합성 과정입니다. 그래서 우리는 소화하는 힘을 사용해서 모든 것을 조각조각 나누어 분석적이고 비판적으로 사고하는 능력이 있습니다. 소화 기관을 형성하는 바로 그 힘이 우리에게 정신적 소화 능력을 주는 것입니다.

모든 신체 기관을 하나하나 이런 식으로 볼 수 있습니다. 또한 물질체와 사고에 네 가지 요소가 있음을 살펴볼 수 있습니다. 고정된 형태와 단단한 물질이 뼈 안에 있고, 액체 물질이 혈액을 이루어 세포들 사이를 채우고 있습니다. 공기가 모든 것을 관통하고, 혈액에 의해 운반된 산소가 호흡을 통해 들어오고 나갑니다. 소화 기관과 위장에도 공기가 있습니다. 우리 몸은 공기가 잘 통하는 구조이고 온기도 있습니다. 마찬가지로 우리의 사고에도 이 네 가지 질적 특성이 담겨 있습니다.

우리는 고형 물질과 같이 구체적으로 형성된 생각이 있으며, 그것이 모여 우리의 표상 영역 전체를 이룹니다. 오늘 여러분은 제가 어제 보여드린 그림들을 정확하게 떠올릴 수 있습니다. 왜냐하면 여러분은 에테르 힘을 고정된 물리적 사실들에 사용하는 능력이 있어서 그것들을 정확히 기억 속에 간직할 수 있기 때문입니다. 이것이 에테르체가 물질체 안에서 특정한 구조를 형성하는 활동입니다.

그리고 에테르 힘은 모든 것을 유동적인 상태로 유지하는 질적 특성이 있어서, 유동적인 과정이 결코 특정한 형태가 되도록 허락하지 않습니다. 이것은 여러분이 개념을 가질 때 생각의 질적 특성입니다. 예를 들어 여러분이 램프가 무엇인지 안다고 할 때, 그것은 여러분이 머릿속에서 그리는 특정한 램프가 아니라 램프의 원리, 즉 그것만 있으면 수백만 개의 다른 램프를 만들 수 있는 원리입니다. 이런 사고의 질적 특성 안에서 여러분은 마음속의 그림 없이도 사물의 의미, 정신적 개념, 정의 등을 생각합니다.

우리의 사고 활동이 얼마나 다양한지 아는 것이 중요합니다. 생각을 특정한 그림으로 고정시키는 능력 덕분에 우리는 물질이 만들어낸 구조를 모방할 수 있습니다. 또한 그런 물리적 구조에 구애되지 않는 능력 덕분에, 형상에 이르지 않고도 형상을 만들어내는 성질을 가진 사고를 체험할 수 있습니다. 수학 용어를 사용할 때가 바로 그런 상태입니다. 가령, "어느 중심점에서 동일한 거리에 있는 모든 점으로 이루어진 평면 곡선"이라는 원의 정의는 특정한 원의 형상이 아닙니다. 그것은 하나의 순수한 관념으로, 마음속에 떠오르는 그림을 구성할 수 있는 살아 있는 힘을 가지고는 있지만, 동시에 그런 특정한 그림이 만들어지는 것을 저지하고 열린 상태로 두어 다른 많은 형태가 만들어지도록 하는 질적 특성도 가지고 있습니다. 이것은 형상 없이 하는 사고입니다. 하지만 학교에서, 그리고 TV를 통해 오로지 형상으로만 생각하는 법을 배우는 우리 시대에 사람들은 형상이 없는 사고, 순수한 철학적 사유 능력, 즉 사고가 형상 없이도 가능하다는 것을 깨닫지 못합니다.

그 다음으로 사고의 세 번째 역동성, 즉 우리가 '아이디어 얻기'라고 부르는 공기와 같은 기능이 있습니다. 아이디어는 나타났다가 사라졌다가 합니다. 예를 들어, 아주 좋은 아이디어가 갑자기 떠오를 때, 여러분은 그것이 어디에서 왔는지 묻지 않습니다. 그저 기뻐할 뿐이지요. 아이디어는 빛과 같습니다. 붙잡지 않으면 다시 사라집니다. 그러면 우리는 "아, 좋은 아이디어가 있었는데, 사라져 버렸어"라고 하겠지요. 여기서 우리는 우리의 사고를 담당하는 유기체가 폐쇄 체계가 아닌, 중립적이고 개방적이며 호흡하는 체계라는 걸 경험합니다. 그것은 들이쉬고 내쉬는 공기와 같은 역동적 활동입니다.

그리고 우리의 사고에는 열정이라는 네 번째 질적 특성이 있습니다. 그것은 삶의 이상을 찾는 가운데 정신적 온기를 경험할 때 발견할 수 있는 위대한 불의 활동입니다. 이 삶의 이상은 우리가 많은 그림을 만들 수 있는 대상입니다. 우리는 삶의 이상이 어떤 것들일지 갖가지로 생각할 수 있고, 그것에 대한 여러 개념을 가질 수 있으며, 그것에 대한 구체적인 그림 없이도 그것을 생각할 수 있고, 그것을 어떤 힘으로서 느낄 수 있습니다. 그리고 그것에 대해 마음속으로 매우 구체적인 형상을 만들 수 있습니다. 이 이상은 사고를 담당하는 유기체의 모든 기능에 도달하여 침투합니다. 그것은 심장과 같은 것으로, 우리 생각의 따뜻한 중심입니다. 우리는 모든 것을 우리 삶의 이상 아래 두어, 우리의 모든 정신적 활동으로 그것을 지향합니다.

그리고 이처럼 몸을 형성하는 에테르 힘이 지성의 힘으로 변형되는 것과 관련된 이 지침을 진지하게 받아들이면서 우리 유기체의 전체 기능을 살펴본다면, 이것이 바로 우리의 본능 결핍에 균형을 맞출 수 있는 창조성임을 알 수 있습니다. 이렇게 강렬한 네 가지 특성을 갖춘 지성을 계발하여 자아가 신체로부터 자유로운, 살아 있는 사고를 배우도록 하는 것은 당연히 중요한 일입니다. 그걸 배울 수 없고 인간이 정신 안에서 깨어나지 않으면, 그런 사람은 어린아이처럼 자기 신체의 힘들과 활동에 중독되어 정신의 탄생을 실현할 수 없습니다. 이로부터 우리는 갖가지 형태의 중독, 즉 약물을 통한 자극이 있어야 정신 활동을 할 수 있게 되는 중독에 이르게 됩니다. 그러므로 아이들이 사고 유기체 전체를 움직여 사고 안에서 자신의 정신적 존재를 경험하고 온전한 정신 활동에 도달하도록 돕는 것은 50년 전보다 더 큰 노력이 필요하며 엄청난 과제라고 할 수 있습니다.

이상으로 에테르 힘이 정신 활동으로 변형되고 한 사람의 정신적 몸 안에서 자아가 깨어나는 영역을 설명했습니다. 이제 다음 영역, 즉 아스트랄 힘이라는 차원을 살펴보겠습니다. 일요일과 월요일에 주신 질문 중 일부는 우리 인간의 중간 영역을 어떻게 이해할 수 있는지에 관한 것이었습니다. 저는 사랑이 이 중간 영역과 관련이 있고, 지혜는 머리, 의지는 골격계 및 신진대사계와 관련이 있다고 말씀드렸습니다. 그러자 몇 분이 물으셨지요. "두뇌와 감각 기관이 우리 지성의 신체적 운반자이고, 신체적 힘과 활동이 당연히 신진대사계에 의존한다는 것은 명확하지만, 사랑이 심장과 폐와 같은 리듬 기능 한가운데에 있다는 것은 생리학적으로 어떻게 이해할 수 있습니까?"

여기에서 우리는 흔히 말하는 감정의 영역으로 들어갑니다. 사랑은 우리가 가진 가장 중심적인 느낌, 가장 중심적인 감정입니다. 이제 에테르체의 성장력, 형성하고 상상하고 사고하는 힘, 그리고 아스트랄체와 감정 사이의 차이점은 무엇일까요? 감정 활동은 사고 활동과는 완전히 다른 법칙을 따릅니다. 물론 둘 사이에는 상호관계가 있지만, 감정 활동은 완전히 다른 영역의 자기 체험입니다. 우리가 이 아스트랄 힘을 분리해서 관찰하면 긴장과 이완을 발견하게 됩니다.

저는 모든 긴장과 이완을 숫자로 측정할 수 있고, 긴장과 이완 사이의 리듬을 특정 리듬으로 묘사할 수도 있습니다. 전체적인 감정 활동은 리듬으로, 즉 긴장과 이완이라는 특징으로 묘사할 수 있습니다. 누구나 사랑이 놀랍다는 걸 알고 있으며, 날마다 사랑을 원합니다. 이건 1학년 아이들의 "아, 그 이야기는 이미 알고 있어요. 이제 뭔가 다른 걸 듣고 싶어요."라는 것과는 전혀 다릅니다. 그런 게 아닙니다. 우리의 감정 활동을 보면 우리는 심지어 특정 감정들에 중독되어 있기도 합니다. 그리고 우리 힘으로 그 감정들을 얻지 못하거나 스스로 활성화시키지 못하면 약물을 사용하기도 합니다. 감정 활동은 추상적인 지적 활동이 아니라 리듬적인 활동이기 때문에 반복되는 감정에 의존합니다. 감정들은 성장하여 달라질 수 있지만, 어쨌든 평생 반복되고 또 반복될 것입니다. 아기는 기쁨과 괴로움을 느끼는 능력이 있습니다. 아기가 느끼는 기쁨과 괴로움을 우리는 평생 동안 느끼고 살아가며, 심지어 인생의 마지막 날에도 여전히 기쁨과 괴로움을 느낄 것입니다.

우리의 감정을 사고 활동, 정신적 성장 및 변화와 비교해 보면, 우리는 정말 얼마나 자주 마음을 바꾸는지요. 우리는 이미 알고 있는 것을 그 내용 그대로 수없이 반복하지 않습니다. 만약 그렇게 한다면 그것은 정신질환입니다. 그런데 감정 활동에서 감정들은 우리에게 어느 정도 연속성을 줍니다. 그리고 사랑이란 건강한 감정 활동의 기초입니다. 그것은 성장할 수는 있지만 그 내용이 달라지지는 않습니다. 성장하는 과정에서 감정들은 더 순수하고 명확하며 강렬해질 뿐, 그 질적 특성은 항상 유지됩니다. 두려움, 사랑, 헌신의 본질은 늘 같습니다.

그래서 아침마다 여러분이 노래하는 동안 저는 다른 것에 집중하는 게 어렵습니다. 저는 음악을 아주 사랑하고, 특히 반복할 때마다 나아지는, 예술 활동의 그 정제 과정을 사랑합니다. 연습과 함께 점점 명료해지고 고조되어 가는 것을 듣는 것만으로도 놀랍습니다. 그리고 모든 소리는 특정한 진동, 특정한 긴장 — 이것은 현악기로 음들을 연주할 때 가장 분명히 드러납니다 — 이 있고, 특정한 리듬이 있습니다. 음악과 리듬이 우리 자신의 리듬체계에 미치는 영향은 즉각적으로 드러납니다. 예를 들어, 훌륭한 클래식 콘서트에서 교향곡을 들으면, 그 음악에는 각기 고유한 성격을 가진 여러 부분이 있다는 걸 알 수 있습니다.

빠른 부분, 매우 느린 부분, 그 중간쯤인 부분, 강력한 담즙질적 피날레 등이 있습니다. 교향곡을 구성하는 이 전형적인 부분들이 인간의 여러 기질에 대응한다는 점을 발견하는 경우도 적지 않습니다. 미뉴에트는 경혈질이고, 피날레는 대체로 담즙질이며, 그 사이에 굉장히 점액질적으로 느린 부분이 있습니다. 그리고 보통 웅장하고 무거워 다소 우울질적으로 들리는 도입부가 있습니다. 음악이 인간의 기본적인 감정의

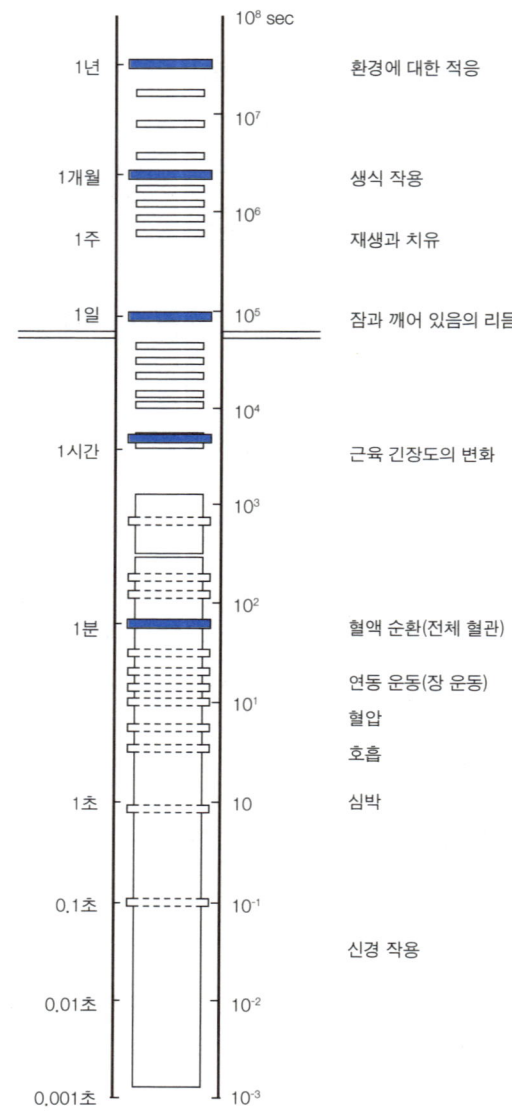

그림 20 여러 리듬의 지속 시간

질적 특성들에 어떻게 대응하는지를 보는 것은 대단히 흥미롭습니다. 그리고 여러분의 호흡과 심박의 리듬을 관찰해 보면, 콘서트 동안 그것과 음악의 동조화가 진행된다는 것을 알 수 있습니다. 교향곡이 느려지고 빨라짐에 따라 호흡과 심박 리듬은 변합니다. 우리의 심장은 자신만의 음색과 리듬이 있고 그 자체가 악기입니다. 그리고 호흡은 심장이 더 빠른 선율로 바뀌도록 박자를 제공합니다.

평상시에 우리는 우리 몸의 리듬을 생각하지 않습니다. 하지만 아스트랄 힘의 관점에서 형성 활동을 살펴보면, 우리 몸에 얼마나 많은 리듬이 있는지 알 수 있습니다. 아스트랄 힘의 온전한 표출인 리듬, 몸 전체의 기능에 박자, 주기성, 반복 같은 수와 관련된 것들을 전달하는 리듬 말입니다. 이 리듬 능력은 감정 활동의 기초로, 만 14세가 되어야 신체로부터 자유로워집니다. 감정 활동이 신체 기능으로부터 점점 자유로워짐에 따라, 우리는 감정과 함께 정신의 영역으로 들어가, 예를 들어 사유의 아름다움을 느낄 수 있게 됩니다. 물론 아스트랄 힘은 에테르 힘처럼 그 일부분은 항상 신체에 남아 있습니다. 그러나 정도의 차이는 있지만, 어쨌든 우리는 신체 기능으로부터 우리의 감정 활동을 해방시킬 수 있습니다.

이제 우리 몸으로 아스트랄체의 리듬적 활동이 침투하는 놀라운 방식에 대해 간략하게 말씀드리고자 합니다. 우리의 신경계에는 십분의 몇 초 단위로 벌어지는 일이 있습니다. 신경 세포막에서 분극(polarization)과 재분극의 과정이 아주 높은 빈도의 리듬으로 벌어지는 것입니다. 그 다음으로 심박의 리듬적 활동에 몇 초의 주기가 있고요. 호흡 활동의 리듬은 몇 초에서 1분 사이의 주기를 갖습니다. 그리고 자율신경계[13]에는 몇 시간이 걸리는 리듬이 있습니다. 예를 들어, 위와 장 같은 소화기관의 수축과 이완 리듬이 그렇습니다. 이 과정의 리듬은 매우 느리지만, 긴장을 풀고 이완시키는 힘은 한 시간 정도의 리듬으로 변화합니다. 다음으로 잠들어 있는 시간과 깨어있는 시간의 리듬, 하루, 즉 24시간 주기의 리듬이 있습니다.

그리고 일주일을 주기로 하는 여러 리듬에는 놀라운 재생의 리듬이 있습니다. 예를 들어, 상처가 났을 때 치유가 되려면 일주일의 리듬이 필요합니다. 상처가 깊은 경우, 첫 주에는 치유를 위한 특정한 노력이 있고, 둘째 주에는 2, 3일 동안 세포 성장을 위한 노력과 휴지기가 있으며, 그리고 7일 뒤에는 또 다른 노력이 이루어집니다. 수술로 한쪽 신장을 제거해서 신장이 하나만 남아 있다면, 그것을 보충하기 위해 남은 신장에서는 놀라운 7일 리듬으로 세포가 성장합니다. 이것은 신체에

---

13) 원문에는 'vegetative system'이라고 나오는데, 이는 'vegetative nervous system'(식물신경계)으로서 'autonomic nervous system', 즉 자율신경계를 뜻한다.
14) 스트렙톨리신streptolysin : 연쇄구균連鎖球菌에서 생기는 용혈성溶血性 물질.

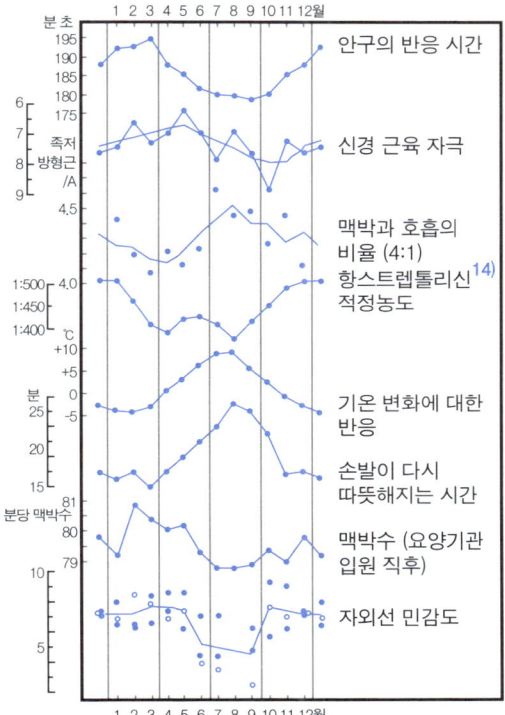

그림 21 연간 리듬

서 일어나는 치료 반응 리듬입니다. 회복하는 데 오랜 시간이 걸리는 경우에는 7일씩 4회라는 리듬이 적용됩니다. 완전히 기력이 소진된 사람이 기력을 회복하는 데는 최소 4주가 필요합니다. 그리고 발도르프 교사가 지쳐 떨어졌다면요(결판이 났다면요!), 그 정도의 탈진 상태에서 벗어나기 위해서는 4주가 두 번 또는 세 번 지나야 합니다!

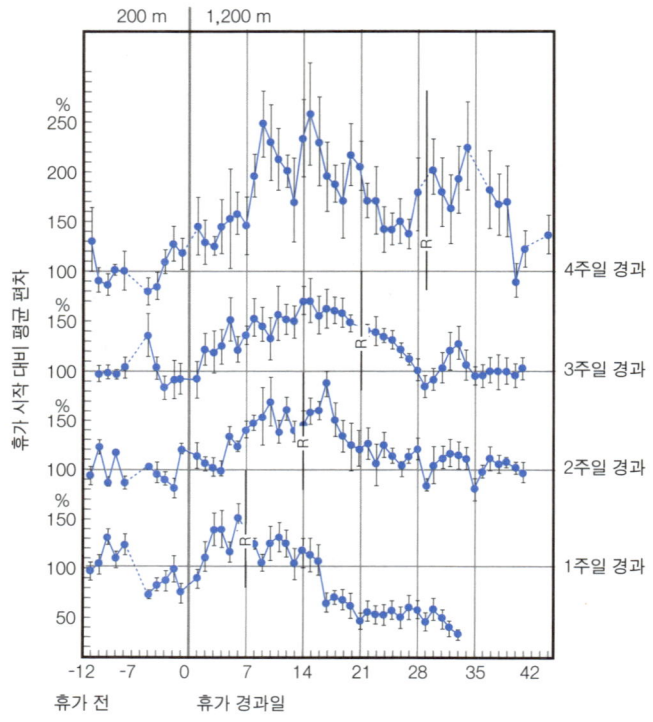

그림 22 높은 고도에서 휴가를 보낸 건강한 사람들(6명씩 4개 그룹)의 그물적혈구 수

다음으로 우리에게는 연간 리듬이 있습니다. 이 연간 리듬을 설명하는 데 도움이 되는 시간생물학(chronobiology) 연구에서 나온 수백 가지 세부사항 중 일부를 보여드리겠습니다. 맥박, 광과민성, 추위에 대한 민감성, 항스트렙톨리신 적정 농도(감염 상태 수치), 맥박과 호흡이 상호작용하는 방식 등이 각기 다른 연간 리듬 곡선을 갖고 있습니다. 매우 많은

기능이 일 년 동안 특정한 리듬으로 변화합니다.

이 도표에서 여러분은 혈액의 그물적혈구(혈액 응고를 담당하는 혈구)가 7일 주기로 변하는 것을 보실 수 있습니다. 예를 들어, 여러분이 고도 1500미터 높이의 산에 있는 휴양지로 올라가면, 여러분의 신체는 이 고전적인 7일 리듬으로 반응하면서 새로운 혈액 세포인 그물적혈구를 생성할 것입니다. 고산의 산소가 적은 공기에 적응하기 위해서입니다. 이것은 혈액의 재생과 회복을 위한 엄청난 활동입니다. 그리고 여러분은 피가 다시 신선해진 상태로 도시로 내려오게 됩니다.

다른 예로, 심장마비를 일으켜 4주 동안 회복을 위해 입원해 있을 때도 이와 똑같은 일이 생깁니다. 어려운 고비, 위험 시점들도 7일 리듬으로 닥칩니다. 회복이 순조롭지 않은 경우, 이 시점들에 가장 많은 사망 사례가 발생합니다. 결정적인 전환점들은 회복을 위한 새로운 노력이 시작되기 전의 시점들입니다.

그 다음으로 갑작스럽게 정신과적 합병증 역시 똑같은 7일 주기를 두고 나타나는 것을 보게 됩니다. 사람들이 정신과 진료의 필요성을 경험하는 시점들에도 리듬이 있습니다. 어느 날 어떤 사람이 전화를 걸어와, "기분이 너무 안 좋아요" 하고 말하는 경우, 이 리듬이 개입해 있음을 알 수 있습니다. 사람

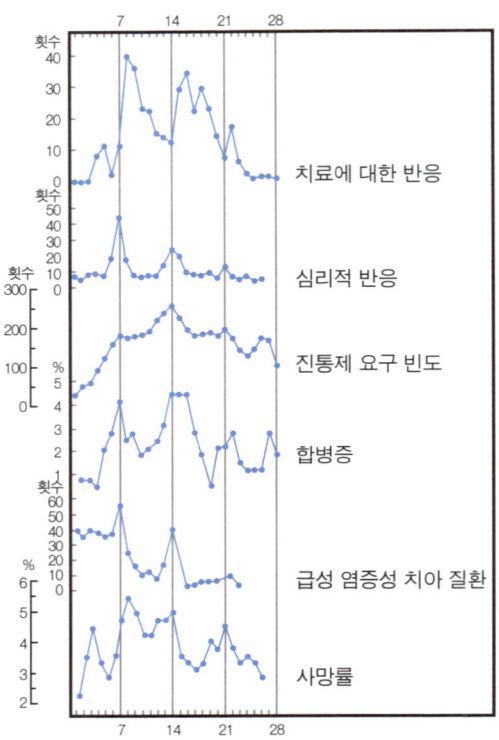

그림 23 치유 기간 동안의 위험 시점들

들은 이틀 동안 약을 먹고 난 다음 이렇게 말하지요. "아, 이제 좀 좋아졌어." 사람들이 병원에 왔을 때도 마찬가지입니다. 처음 7일 동안은 편안하고 기분이 좋다가, 7일 후에는 집에 있을 때보다 더 나쁘다고 느낍니다. 그런 다음에는 좋아진다고 느끼고, 14일이 지나면 집에 있을 때보다 조금 나아졌다고 생각하지만, 사실은 처음 왔을 때보다 훨씬 더 나빠진 상

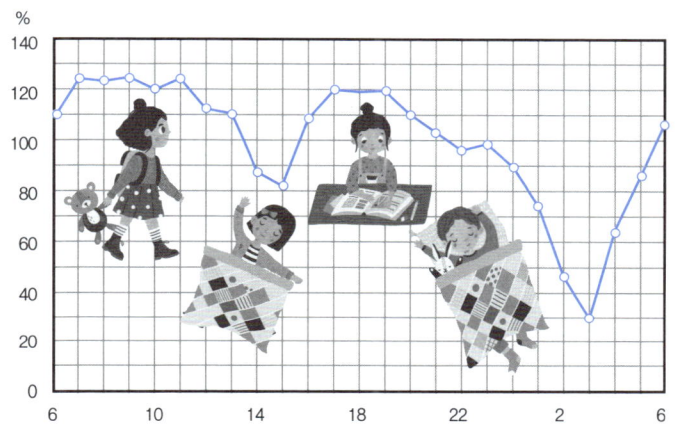

그림 24 어린이의 생리적 리듬

태입니다. 그리고 세 번째 주에 작은 정점이 오고, 이것이 지나고 나면 계속 상태가 나아져 퇴원할 수 있습니다. 이렇게 회복 패턴은 일반적으로 이 7일 주기를 따릅니다.

그리고 학교에서 지내는 동안 우리 아이들이 보이는 기분의 변화도 하루 리듬을 갖고 있으며, 이 리듬은 중요합니다. 아이들은 아침에는 기분이 아주 좋으며, 생리 활동이 급격히 떨어지는 오후 1시에서 2시 반 사이에는 모두 피곤해 합니다. 늦은 오후에는 아이들이 즐거워하고 활동하기를 좋아하는 두 번째 정점이 있습니다. 그리고 저녁 늦은 시간 전에 두 번째 저점이 와서, 아이들은 자고 싶어합니다.

따라서 우리는 이 리듬에 따라야 합니다. '하루의 수업을 어린이의 생리적 리듬에 어떻게 맞출 것인가?' 하는 것은 그 자체로 큰 주제입니다. 당연히 가장 좋은 방법은 가능한 한 활동의 정점들에 수업을 맞추는 것입니다.

그러니, 7일 리듬이야말로 신체적인 건강 상태가 보이는 리듬임을 안다면, 주 5일제 수업이 건강한 신체 활동에 도움이 되지 않는다는 것을 알 수 있습니다. 유럽에서 수행한 연구에서 우리는 5일 리듬으로 움직이는 학교 학생들이 6일 리듬의 학교 학생들보다 매년 결석 일수가 더 많다는 것을 알아냈습니다. 그러나 이것은 유기체의 생리적 수용력에 기인하는 것이므로 놀라운 일이 아닙니다. 여러분이 5일제 프로그램을 운영하고 있다면, 거기에는 서로 조금씩 어긋나게 돌아가는 두 개의 리듬이 동시에 들어 있는 셈입니다. 5일간의 프로그램이 끝나면 다음 리듬의 첫날과 둘째 날이 시작됩니다. 하지만 여러분의 다음 5일 프로그램이 시작되는 바람에 그 리듬은 깨지고 맙니다. 결국 둘째 주의 첫날과 둘째 날이 지나면서 사실상 첫 주의 7일 리듬이 마무리되고, 따라서 둘째 주의 리듬도 깨집니다. 반면에 7일 리듬은 이런 힘들을 조정하여 에테르체와 아스트랄체가 조화롭게 움직이도록 합니다. 이 모든 숫자는 아스트랄체에서 온 것입니다. 숫자는 음악입니다. 숫자는 모든 관계에 긴장을 일으키고 또 모든 관계의 기초가 됩니다. 숫자들 사이에는 특정한 관계들이 있기 때문입니다. 아스트랄체는 관계, 숫자, 비율의 주체이며, 숫자로 셀 수 있는 모든 것, 리듬체계의 고유한 각인을 에테르체로 보내는 질적 특성의 원천입니다. 리듬체계는 에테르체와 아스트랄체 사이에서 작동하지만, 각 숫자와 비율의 각인에 담긴 질적 특성은 아스트랄체로부터 나옵니다. 우리가 하는 모든 일에서 좋은 리듬을 유지함으로써 우리는 아이들의 감정 활동을 제대로 돌볼 수 있습니다.

4강
위대한 통합자인 자아 기관

- 리듬으로 구조화된 우리 몸
- 자아의 통합 능력
- 음악이 중요한 이유
- 교사는 상위의 요소로 하위의 요소를 교육한다
- 말하기를 가르치는 이유
- 오이리트미 - 자아와 정신의 통제를 위한 교육법
- 예술치료의 구조
- 자아의 힘이 지배하는 세 번째 7년의 성장
- 중년 이후에 생기는 새로운 능력

1998년 2월 18일 수요일

　안녕하세요, 사랑하는 친구 여러분. 오늘 아침 저는 발도르프 교육의 의학적 또는 생리학적 토대라는 측면을 마무리하고 싶습니다. 그리고 아침 시간의 마지막 부분에, 여러분에게 받은 질문 중 몇 가지에 답할 수 있기를 희망합니다.

　일요일에 우리는 우리 시대의 기본적인 관심사들을 살펴보고 다음과 같은 질문을 던지는 것으로 시작했습니다. "내일을 위해 적절한 교육은 무엇인가? 가까운 미래에 대응하고 인생을 준비하여 시간이 흐름에 따라 생기는 것에 맞서고 소화하기 위해, 그리고 현대의 모든 정보와 공격에 무너지지 않기 위해 인간이 갖추어야 할 능력, 힘, 또는 가능성이란 무엇인가? 즐거움과 생존만 있을 뿐, 실현되지 못할 행복한 환상의 세계를 좇지 않으려면 인간에게 무엇이 있어야 하는가?" 일요일 저녁에 우리는 "교육법칙"에 대해서도 잠깐 살펴보았지요. 학교에서 어떻게 해야 우리가 가지고 있는 문제를 해결할 수 있을까, 하는 좀 더 실제적인 관점에서 그 주제를 내일 다시 다룰 수 있기를 희망합니다. 그리고 생리학적 연구를 통해 우리 인간의 네 가지 구성요소에 대한 이해를 넓히기 시작했습니다. 이 이야기에 대해서는 많은 질문이 제기되었는데, 오늘 아침 저의 결론 발언으로 여러분이 여러 측면들의 조화로운 연관관계를 더 잘 이해하는 데에 도움이 되길 희망합니다.

어제 우리는 에테르체, 그리고 그것이 형성적이고 창조적인 사고 능력으로 변형하는 것에 초점을 맞추며 시작했습니다. 그런 다음 음악적 힘으로서 아스트랄 힘에 대해 간략하게 설명했습니다. 방금 하셨던 것처럼 음악 활동을 할 때[15] 여러분은 숫자를 다루는 경험을 하게 되는데요, 모든 음정이 하나의 작은 숫자일 뿐 아니라(첫 번째, 두 번째, 세 번째 음정이 하나의 선율을 만들지요), "따아 따아 따아 따아, 따-따-따-따-따아" 이렇게 숫자를 세어야 합니다. 음악에서는 숫자가 없으면 길을 잃습니다. 불가능하죠. 리듬을 얻으려 해도 숫자가 필요하고, 어떤 화음을 찾거나 화음에서 음들 사이의

---

15) 발도르프 교육 연수에서는 보통 아침을 노래와 함께 시작한다.

특정한 비율 또는 관계를 찾으려면 숫자가 필요합니다. 우리의 음악적 기억도 숫자와 함께 작동합니다. "따-따-따-따-따"로 구성된 악절 하나가 빠져 있는 걸 알게 되면, 우리는 "뭐였지?" 합니다. 그리고 여러분이 거기에 얼마나 많은 음정이 있었는지, 또는 리듬이 어떻게 진행되었는지를 알면 그 악절을 더 쉽게 기억할 수 있습니다. 숫자는 음악을 위해 일합니다. 비율도 음악을 위해 일합니다. 숫자들 사이의 관계, 비율들 사이의 관계는 음악을 위해 일하고 음악을 표현합니다. 그리고 음악에 있는 긴장과 이완 현상은 우리가 가진 모든 감정 경험 또는 감정의 기초가 됩니다. 우리가 감정이 이완된 상태에서 매우 평온해지고 평화로움을 느낀다고 해도, 거기에는 여전히 어떤 기본적 긴장, 즉 이완된 긴장이 있습니다.

어제 우리가 다루었는데요, 그것은 바로 아스트랄 힘이 우리가 손가락을 셀 수 있도록, 온몸에 비율이 생기도록 우리 몸의 구조를 만든다는 것입니다. 예를 들어, 폐에는 오른쪽에 우상엽, 우중엽, 우하엽의 3엽이 있고, 왼쪽에는 좌상엽, 좌하엽 등 2엽이 있습니다. 그런데 우리가 숨을 들이쉬고 내쉬는 호흡도 놀랍게도 2:3의 길이로 이루어지며 음악에서 화음을 이루는 5도 음정 간 간격의 비율도 2:3입니다. 다행스럽게도 저는 아르민 후제만의 저서 《인체의 화음: 인간생리학의 음악적 원리》16)를 여러분에게 소개해 드릴 수 있겠네요. 그 책에서 그는 우리가 음악을 통해 어떻게 구조화되어 있는지를 그 기초부터 밝히고자 노력했습니다. 지금 저는 그 주제에 손만 댈 수 있을 뿐입니다.

우리는 아직 자아와 그것이 신체에 주는 선물에 대해서는 이야기하지 않았습니다. 물질체는 그 작동 법칙에 따라 우리 몸에 영양과 질료(substance)를 가져옵니다. 그리고 생명과 순환을 전달하고 조형 활동을 가져오는 에테르적 작동 법칙이 있습니다. 아스트랄 힘은 우리 몸의 전체 형태에 비례, 구조, 숫자로 표시할 수 있는 연관성들, 숫자들을 가져옵니다. 자아는 또 다른 작동 법칙을 갖고 있습니다. 자아는 숫자를 다루지 않고, 에테르체처럼 형태를 만들지도 않으며, 심지어 모든 형성 활동을 죽음에 이르게 하는 물질(matter)도 다루지 않습니다. 물질체는 죽음의 주인입니다. 존재들을 생명에서 떼내어 종말과 정지에 이르게 합니다. 얼어붙은 음악이자 얼어붙은 비율입니다. 멈춤, 끝입니다. 물질체가 우리 존재의 남은 시간을 지배할 때, 우리는 죽습니다.

그러나 자아와 자아의 법칙은, 열이 다른 모든 상태를 지배

---

16) Armin Husemann, 《The Harmony of the Human Body: Musical Principles in Human Physiology》, Edinburgh: Floris Books, 1994.

할 수 있는 능력을 갖고 있는 것처럼, 다른 모든 법칙을 통합할 수 있는 법칙 체계라고 하는 것이 가장 올바른 설명일 것입니다. 예를 들어, 쇳조각을 충분히 가열하면 그것은 액체가 될 것입니다. 그리고 더욱 강한 불과 열을 가하면 기화하기 시작합니다. 그리고 불과 열의 강도를 더 높이면, 그것은 더 이상 물질인지 순수 에너지인지 알 수 없는 플라즈마plasma 상태로 변형됩니다. 열은 물질에서 작용하는 제1의 마법으로, 물질을 형태로부터 벗어나게 하고, 액체 상태로부터 벗어나게 하며, 기체 상태로부터도 벗어나게 하여 이 플라즈마 상태로 만듭니다. 그리고 열을 제거하면 물질은 다시 고체가 됩니다. 따라서 열의 법칙, 즉 열역학 법칙은 다른 모든 것을 관통하고 지배하는 유일한 법칙입니다. 물질체의 물질적 상태는 몸의 열 활동의 결과이기도 합니다. 열이 너무 많으면 염증이 생기고, 열이 너무 없으면 침전물이 생깁니다. 모든 것이 필수적인 정도만큼 움직이고 유연해지도록 할 만큼의 열이 있으면, 우리는 건강합니다. 자연이라는 측면에서 우리는 열과 열 법칙을 갖고 있고, 정신적 측면에서 우리는 자아, 그리고 자아의 통합 능력을 가지고 있습니다.

루돌프 슈타이너의 가장 놀라운 발견 중 하나는 인간이 고체, 액체, 기체, 열에서 발견되는 자연법칙으로 구성될 뿐 아니라, 동시에 인간의 모든 예술이 갖고 있는 법칙에 따라 구성된다는 사실입니다. 이는 굉장히 근본적이고 강력한 사실입니다. 예를 들어, 건축 예술은 물질체에서, 신체 구조의 잉여적 힘에서 비롯됩니다. 건물의 모든 형태 중에서 우리의 뼈와 장기 형태를 원형으로 삼지 않는 것이 없습니다. 정말 모든 건물이 그렇습니다. 건물을 구성하는 둥글거나 네모난 형태는 신체의 모든 형상에서 그 원형을 찾을 수 있습니다. 우리는 늘 신체와 관련된 형태들을 만들고, 그런 연유로 우리가 만든 건물 안에 있으면 기분이 좋아집니다.

여러분 중 일부는, 예를 들어 키가 1m 80cm인데 천장이 2m 20cm 높이인 아파트에서 살아본 경험이 있을 것입니다. 그런 집에서는 천장에 손이 쉽게 닿습니다. 침울하거나 우울한 성향이 약간 있는 상태에서 그런 집에 살면, 여러분은 아마도 우울해질 것입니다. 굉장히 우울해지는데도 왜 그런지 알 수 없을 거예요. 그리고 훌륭한 심리학자 또는 정신과의사라면 우울증을 치료할 때는 환자의 모든 상황을 물어봐야 한다는 것을 알 것입니다. "어떤 문제가 있나요?"라는 질문도 해야 하지만, 무엇보다 먼저 "어떤 집에 사시죠?"를 물어야 하는 거지요. 그들은 가장 단순한 것에서 시작해야 합니다. 우리의 감각은 물질체를 자극하고, 이 신체 안에서 우리의 정신이 느끼는 방식에 영향을 미치기 때문입니다. 숨을 쉴 공간이 없다면, 또 우리가 들어가 있는 건축물의 형태와 색깔이 우리가 기분 좋아지는 것을 막으면, 우리를 둘러싼 건물과 우리의 물질체 사이에 부정적인 상호작용과 자극이 있다면, 우리는 몸이 불편하고 의기소침해지는 걸 느낍니다. 그렇기 때문에 발도르프 교육 운동을 하는 우리가 주의할 것은 ― 특히 유치원에서 가장 중요한데요 ― 모든 것이 감각을 향해 말하기 때문에, 물질체의 비율은 건물에 의해 보살펴진다는 것과 모든 감각은 인상들(impressions)에 의해 어루만져지고 사랑받는다는 사실입니다.

건축은 물질체의 법칙을 따르는 예술입니다. 앞서 보았듯이, 조소는 에테르체의 법칙을 따르는 예술입니다. 회화는 아스트랄체가 자신의 비율과 숫자의 법칙을 에테르체의 영역에 투사하는 예술입니다. 그래서 우리는 색조, 색감, 색상의 비례를 알고 있습니다. 조형적 특성은 아스트랄체의 법칙을 관통합니다. 우리가 아스트랄체와 에테르체 간의 상호작용을 돕고 싶다면, 또 아스트랄체를 통해 생명의 힘들을 자극하고 싶다면, 우리는 그림을 그리고 색으로 형태를 만들어야 합니다. 또한 자아는 음악의 형태로 아스트랄체를 움직입니다.

물질체의 법칙은 건축을 통해 우리 환경에 들어옵니다. 에테르체의 법칙은 우리가 에테르체의 활동으로 물질을 조형을 할 때 물리적 존재 안에 들어옵니다. 여러분이 에테르체를 통해 아스트랄체의 활동에 관여한다면, 여러분은 그림을 갖게 됩니다. 그리고 여러분이 내면의 자아 활동, 즉 여러분의 온기, 의지력, 존재의 본질로 여러분의 아스트랄체에 관여한다면, 즉 여러분이 자아 활동으로 아스트랄체에 침투한다면, 여러분은 음악을 갖게 됩니다. 우리는 음악 안에서 편안함을 느낍니다. 우리가 우리의 진정한 정신적 존재로서 자아를 만날 수 있는 좋은 음악을 듣거나 우리 스스로 그것을 만들 수 있다면, 우리는 더 나은 사람이 될 수 있습니다. 좋은 음악을 들을 때 우리는 아스트랄체 영역에서 우리 자신을 만납니다. 아스트랄체 안에서 자아를 인식하는 것입니다. 좋은 음악을 들을 때 전형적으로 우리는 "나는 내 영혼 안에서 살아간다"는 것을 체험합니다. 그렇게 영혼 안에서 우리는 영혼의 위대한 조화들과 균형을 이루어 만족하고, 이해받아 편안해 합니다. 결국 좋은 음악으로 우리는 영혼 안에서 새로운 균형을 얻습니다. 음악 치료는 이 방법으로 자아의 자기 발견을 도울 수 있습니다.

반면에, 우리 시대에는 그와는 완전히 다른 경험도 합니다. 음악이 자아의 힘을 영혼까지가 아니라 더 깊이, 생명체와 물질체로 가져가게 되면, 이때는 이 법칙들이 너무 깊이 침투하는 것입니다. 그러면 리듬과 음색은 너무 경화되고 물질화되어 영혼의 호흡 안에 머무르지 못합니다. 그런 음악을 들으면 우리는 의식하는 자아와 더 고차의 감정을 제쳐두게 되어, 모든 것이 오로지 우리의 사지를 움직이게 하는 강렬한 비트의 리듬에 맞춰지게 됩니다. [우리 몸의 무거움을 표현하는 하드 록 댄스 동작을 시연하며] 하드 록 음악을 들을 때 사람은 물질 안에서 자신의 자아를 잃게 됩니다. 이때 우리는 이 힘들(자아의 힘들)이 어디로 끌려가는지 실제로 알 수 있습니다. 이것은 경험으로는 흥미롭습니다. 이런 경로가 가능하다는 것을 알게 되니 말입니다. 하지만 그것에 중독되어 오로지 지상의 물질적 음악을 체험하는 가운데 자아가 상실되는 것을 기분 좋아한다면, 그는 자신의 고차 자아와의 연결을 잃게 됩니다. 이는 "나"가 지상적인 "인간 구성체"에 취해 진짜 고향과의 접촉을 잃는 것이나 마찬가지입니다.

그러므로 고차 세계와 지상 사이에서 우리가 어떤 존재인지를 참으로 경험할 수 있도록 음악을 이해하는 법을 가르치는 것은 굉장히 중요한 일입니다. 음악이 여러분의 영혼 안에 살아 숨쉬고 있으면, 여러분은 천상과 지상 사이에 있는 것이고, 두 세계 사이의 한가운데에 사는 존재인 자신을 찾은 것입니다. 하지만 여러분이 천상이라는 한쪽 끝에 있으면서 지상에 닿지 않는 아름다운 음악을 듣거나, 아니면 다른 끝에 있는 채로 제가 묘사하려고 했던 지상의 음악 속에서 살아간다면, 그때 음악은 두 세계 사이에서 숨쉴 수 있는 아스트랄적인 능력을 잃고 자아를 가두게 될 것입니다.

이것은 우리 시대에 매우 주의 깊게 살펴보아야 할 점입니다. 많은 아이들에게 발도르프 학교는 집에서 경험하는 것과는 다른 음악의 질적 특성들을 경험할 수 있는 유일한 장소입니다. 아이들이 나중에 "다른 무언가가 있었어" 하고 기억하는 정도일지라도, 다른 특성들을 경험하는 것은 중요합니다. 우리는 음악의 영역이 우리의 공격성, 우리의 통제되지 않는 감정들을 다스리는 데 도움이 될 수 있다는 것을 압니다. 그리고 많은 사람에게 음악은 변형되지 않고 통제되지 않은 감정들을 버리는 방법이라는 것을 알고 있습니다. 셰익스피어는 희곡 《베니스의 상인》에서 이런 훌륭한 구절을 썼습니다. "마음속에 음악이 없는 자, 달콤한 화음에 감동하지 못하는 자는 배신, 음모, 강도질에나 어울린다." 그리고 덧붙이기를, "그런 사람은 믿지 말라"고 했습니다. 이야말로 음악의 비밀입니다. 천상과 지상 사이의 이런 음악이 자기 안에 있다면, 그 사람은 보호받습니다. 그러니까 대놓고 말하자면, 지옥의 세력들로부터 보호받는다는 겁니다.

그러나 우리의 자아가 오로지 아스트랄체 안에서 살기만을 원하는 것은 아닙니다. 그게 아무리 중요하다고 해도 말입니다. 자아는 '정신자아'와 같은 더 높은 능력을 얻고자 합니다. 자아가 아스트랄체 안에 살면서 그것을 변형시켰을 때, 완전히 정화된 이 아스트랄체는 우리의 자아를 넘어서는 능력인 정신자아가 됩니다. 우리는 아스트랄체를 변형시키고 정화함으로써 그럴 수 있습니다. 정신자아 안에서 우리는 고차적 존재들과 소통할 수 있습니다. 고차 존재들은 우리가 하위 구성요소들 안에서 살아갈 때에만 우리 안에 살기 시작하지요. 우리는 정신자아를 통해 사고와 소통하며, 그러는 동안 점점 더 사고와 감정이 정신적 실재임을 깨닫게 됩니다. 정신세계가 실재한다는 것에 눈을 뜨고 정신 안에서 우리 자신을 발견합니다. 이런 의식의 법칙을 일컬어 "정신자아는 이미 우리 안에 살아 있다"라고 합니다. 그리고 루돌프 슈타이너는 《치유교육 세미나》에서 이것을 다루는데, "교육법칙"에 대한 바로 그 첫 문장에서 이렇게 설명합니다. "정신자아의 법칙들은 시의 예술, 말하기(speech)의 예술에서 작용합니다." 따라서 지금 우리는 "나"의 영역에서 활동하는 정신자아의 법칙들에 도달해 있습니다. 그것이 시이며, 그것이 "나"의 문화입니다.

앞서 말씀드린 "교육법칙"에 덧붙일 말이 있습니다. 우리 교사들은 상위의 요소로 하위의 요소를 교육한다는 것입니다. 즉, 교사의 자아는 아이의 아스트랄체에 영향을 미치고, 교사의 아스트랄체는 아이의 에테르체에 영향을 미칩니다. 사람들은 루돌프 슈타이너에게 물었습니다. "그러면 누가 자아를 교육하나요?" 이것은 특별히 자아 능력, 즉 사고, 감정, 의지에 대한 통제력이 아직 발달하지 못한 사람을 위한 특수교육에 적용됩니다. 어떤 사람들은 말을 제대로 하지 못하거나 몸을 제대로 움직이지 못합니다. 그렇다면 누가 이 놀라운 통합의 힘, 균형의 힘을 교육할 수 있을까요? 루돌프 슈타이너는, "정신자아 법칙들의 체계가 할 수 있고, 여러분은 이 법칙들이 이미 언어에서 작동하고 있음을 압니다" 하고 대답했습니다. 언어의 지혜란 변형된 아스트랄체입니다. 말하기는 자아에 의해 완전히 지배되고 속속들이 영향을 받는 아스트랄체의 질적 특성입니다. 우리가 의식적으로 말할 때, 우리는 모든 낱말과 구절에서 우리의 자아 현존 및 주의력과 함께 살아갑니다. 그러면 우리는 언어 자체가 우리에게 말해주는 것을 들을 수 있습니다. 그리고 실재하는 것에 의해, 즉 말(words)의 실체에 의해 영감을 받습니다. 그러므로 유치원부터 12학년에 이르는 전체 발도르프 교육과정에서, 말하기와 그것에 대한 교육 방법만큼 루돌프 슈타이너의 지침이 많은 과목은 없습니다.

말하기, 듣기, 말과 함께 살아가기, 말하는 훈련, 철자 배우기, 자음과 모음 연습하기, 모든 종류의 언어 ― 종교 언어, 명상 언어, 기도 언어, 시적 언어, 유머러스한 언어 등 ― 에 대한 놀라운 사실을 살펴보기 등, 이렇게 모든 유형의 언어를 공부하고 연습하는 이유는 두 가지입니다. 한 가지 이유는 말하기가 건강한 호흡 리듬을 훈련하는 가장 강력한 활동이기 때문입니다. 말하기를 잘 가꾸면, 이를 통해 건강한 방식으로 호흡하는 법을 배웁니다. 그렇게 되면 숨을 가쁘게 쉬지 않고 충분히 깊게 호흡하여 충분한 산소를 들이마십니다. 따라서 한편으로는 생리학적인 말하기가 호흡을 교육합니다. 다른 한편으로 말하기는 정신자아의 지혜를 우리의 자아 인식

안으로 전달합니다. 그러므로 명상은 또한 "옴"[17]과 같은 음절을 듣는 것으로 시작됩니다. 우리는 말하기를 통해 들어가는 영감의 세계가 고차적 세계라는 걸 느낍니다.[18] 그리고 그런 말하기가 이 고차 세계가 우리의 평범한 삶에 전하는 마지막 인사말과 같은 것임을 느낍니다.

말하기는 또한 우리를 보호해줍니다. 우리가 서로 대화를 하는 동안에는 물리적인 폭력을 사용하지 않기 때문입니다. 대화는 우리를 보호하고 우리의 공격성을 가능한 한 오랫동안 억제합니다. 사람들 사이에 다툼이 시작되는 것은 그들의 말에서 드러납니다. 이야기를 시작하고 곧 상대를 약간 화나게 하는 어조로 한 마디가 나옵니다. 상대는 공격을 당했다고 느낍니다. 그때부터 사람들은 언어 폭력의 수준에 이를 수 있습니다. 이제 다툼은 폭력과 공격으로 바뀔 수 있습니다. 만일 한쪽이 문제를 이런 언어적 수준으로 유지할 수 있다면, 행여 다툼이 폭력적이고 공격적이 된다 해도 물리적 수준까지 가지 않고 영혼의 수준에서 머물 것입니다. 그러나 우리에겐 뭘 더 말해야 할지 모르는 순간이 오는 경우가 정말 많습니다. 상대방이 우리를 공격했고, 그래서 우리는 그걸 되돌려

---

17) "옴"이라는 소리는 명상에서 우주의 근원 소리로 알려져 있다.
18) 고차적 정신세계는 상상, 영감, 직관의 세계를 뜻한다. 상상은 정신자아, 영감은 생명정신, 직관은 정신인간과 관련된다.

주고 싶습니다. 거기에는 더 이상 말이 없지요. 모든 게 이미 말해졌으니까요. 그러면 말문이 막혀 무언가를 집어던질 때, 또는 소리를 지르거나 독설을 던지며 방을 나가는 시점이 옵니다. 그 다음으로 우리는 물리적 행동을 합니다. 이것은 어린 시절의 발달 단계로 돌아가는 퇴행입니다. 우리는 걷는 것으로 시작해서 말을 했고, 마침내 생각을 했습니다. 우리가 생각을 멈추고 말싸움만 한다면 그것은 퇴보의 첫 번째 단계입니다. 말싸움이 바닥나면 두 번째 단계의 퇴보가 와서 물리적 폭력이 시작됩니다. 이것이 바로 우리의 문화 속에 공격성이 있는 이유입니다. 말하기를 잘 가꾸지 못해서 그렇습니다. 다른 이유는 없어요. 자신의 문제에 대해 제대로 말로 표현할 수 있다면, 범죄자가 될 필요가 없을 것입니다. 원하는 걸 요청할 수 있을 테니까요. 제대로 말로 표현하면 상상력과 창조성을 얻을 것이고, 자신의 문제에 대한 인간적인 해결책을 찾을 수 있겠지요. 그래서 슈타이너는 범죄와 공격성이 단지 교육의 부족일 뿐이며, 특히 현대의 언어상실 현상일 뿐이라고 지적했습니다. 저는 이렇게 말해야겠습니다. 만일 학생들이 무대에서 공연을 하고 갖가지 예술 작업을 한다면, 그것은 이런 종류의 문제를 예방하는 행위라고 말입니다.

정신자아 다음으로 우리는 더 고차적 능력을 갖고 있습니다. 이것은 "생명정신"으로, 에테르체가 자아 활동에 의해 변형된 것입니다. 이 생명정신의 활동이 정신자아를 통해 일어나면, 생명정신의 법칙(이것은 자아에 의해 지배되는 에테르 법칙일 뿐입니다)은 말하기의 영역, 즉 정신자아의 영역에 전해지고, 그러면 이 활동이 하위 구성요소들을 통해 드러나서 우리는 그것이 침투하는 것을 볼 수 있습니다. 그것이 오이리트미입니다. 오이리트미는 말하기의 영역, 정신자아의 영역 안에서 작동하는 생명정신 법칙들의 체계입니다. 그러므로 오이리트미를 실행하면, 그것은 아주 강력하고 건강한 예술이 됩니다. 왜냐하면 오이리트미는 자아의 통제를 이 에테르체의 순수한 영역으로 가져와 신체적으로 드러나게 하기 때문입니다. 그렇게 되면 고차 자아의 법칙들이 점점 우리의 물질체, 에테르체, 아스트랄체를 지배하게 됩니다.

오이리트미는 물질체와 에테르체를 자아의 통제, 정신의 통제 안으로 가져오는 예술입니다. 각각의 움직임은 "나"가 스스로를 사고, 감정, 행위와 관련하여 의미 있는 방식으로 표현하도록 도와줍니다. 정신적 관점에서 보면, 말하기 능력과 평화를 만들어내는 능력은 정신자아를 의식적으로 경험하기 위한 준비입니다. 저는 오이리트미의 본질이 무엇인지가 밝혀지기를 아주 많이 희망하고 있습니다. 그것은 아직 밝혀지지 않았습니다. 예, 저도 오이리트미를 가르치기가 굉장히 어렵다는 걸 압니다. 하지만 그것은 너무나 강력하기 때문에 그렇게 어려운 것입니다. 제가 항상 말하고 싶은 것은, 그리고 여러분이 오해하지 않기를 바라는데요, 담임과정 교사와 유아 교사, 그리고 심지어 상급과정 교사에게도 가장 중요한 것은, 오이리트미 및 말하기와 좋은 관계를 갖는 것입니다. 그래야 교사들의 몸짓, 움직임, 언어를 조절하는 방식 등에 자아 영역의 온기와 사랑이 스며들어, 아이들이 선생님의 말과 행동에 이끌리게 되기 때문입니다. 가르치기 어려운 아이들일수록 교사는 더욱 더 정신적으로 깨어 있는 상태로 훈육의 기초를 찾아야 합니다. 제 경험에 따르면, 훈육의 70%는 여러분이 어떻게 움직이고 말하느냐에 달려 있습니다. 여러분의 말하기가 아이들에게 아주 마법적이어서 아이들이 듣기를 좋아한다면, 또 여러분의 움직임이 충분히 매력적이라면, 아이들은 교사인 여러분이 원하는 활동에 들어가고 싶다고 느낄 것입니다. 그리고 말하기와 오이리트미를 많이 했을 때의 긍정적 부수 효과가 있다면, 학생들과 체육 활동을 할 시간이 좀 줄어도 된다는 것입니다. 또는 무대에 뭔가를 올릴 때 어떻게 움직일지, 어떻게 행동할지를 더 잘 알게 된다는 것, 그리고 이런 예술적 활동을 위해 더욱 유연해질 수 있다는 것입니다. 학교에 오이리트미 교사가 없다고 해도 여러분 스스로 어느 정도 해 보실 수 있습니다. (이 얘기는 오이리트미스트에게 말하지 마세요!)

"예술에는 법칙들이 있으며, 예술의 법칙들이 우리 자신의 존재, 우리의 구성요소들을 형성하는 데 작용한다"라는 것은 루돌프 슈타이너의 대단한 발견입니다. 레오나르도 다 빈치도 이것을 알았지만, 아직 인간에 대한 인지학적 연구에 접근할 수 없었기 때문에 이를 다르게 표현했습니다. 유명한 화가이자 건축가인 레오나르도 다 빈치는 뛰어난 미술 이론가이기도 해서, 화가들을 위해 아주 두꺼운 책을 썼습니다. 거기에서 그는 이렇게 말합니다. "서툰 화가는 자기가 자기 자신을 그린다는 것, 늘 자기 자신을 모사한다는 것을 모른다. 신체를 창조하는 것은 영혼이며, 예술가는 똑같이 영혼의 창조적 힘으로 작업을 한다. 노련한 예술가는 이것을 알고 있으므로 자기 자신의 모사를 피하여, 자신의 그림으로 객관적인 것들을 창조할 뿐, 그 안에 자신의 감정과 판타지를 투사하지 않는다. 예술적 훈련을 한다는 것은 무의식적으로 자신의 구조를 투사하지 않는 법, 자기 신체의 형성력을 아주 객관적으로 다루어 세계의 실상을 드러내는 법을 배우는 것이다. 그러므로 자화상을 그릴 때는 의식적으로 행할 뿐, 무의식적으로 투사하지 않는다."

그래서 예술 치료에서는 진단을 위해 아이들 스스로 그림을 그리게 하거나 내키는 대로 즉흥 연주를 하게 합니다. 그것이 질병과 건강을 드러내기 때문입니다. 그것은 각자의 고유한 구성을 드러냅니다. 따라서 루돌프 슈타이너는 교사들이 학교에서 아이들이 마음대로 그림을 그리도록 내버려두는 것을 원치 않았습니다. 그보다 연습을 하게 하거나 과제를 주어, 아이들이 자신의 형성력을 객관적으로 훈련하는 법을 배울 수 있게 해야 합니다. 구성요소를 건강하게 하는 건강한 원형들을 사용함으로써 자신의 질병을 투사하지 않고 오히려 건강을 주입받도록 말이죠. 아이들은 자신의 형성력을 위한 특별한 작업을 통해 건강해질 수 있습니다. 발도르프 학교의 예술 교육과정은 예술 치료와 많은 관련이 있습니다. 그것은 부드러운 예술 치료, 연령별 특성에 맞춘 예술 치료이며, 교사 여러분이 바로 치료사입니다. 따라서 신체 형성의 관점에서, 그리고 일생에 걸쳐 구성요소를 건강하게 한다는 관점에서, 예술 교육은 아주 진지한 주제입니다.

이런 구성상의 사실들을 그림으로 요약해 보겠습니다. 이 곡선은 신체의 성장기인 왼쪽에서 시작하여, 20대에서 40대

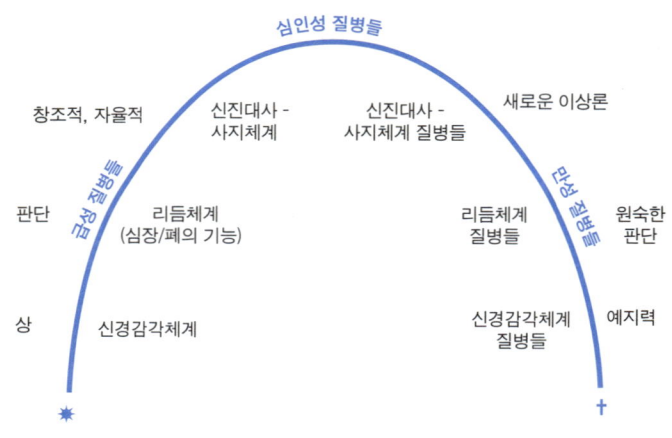

그림 25

사이의 생리학적인 안정 상태로 이어집니다. (여러분 대부분은 아직 이 멋진 시기에 있습니다. 불행히도 저는 지금 막 그걸 벗어났고요. 저는 여기 이 쇠퇴의 단계에 있습니다.) 그 다음 이 곡선은 재생 능력이 떨어지고 늙고 약해져서 생명력이 쇠퇴하는 시기로 이어집니다. 마침내 물질체가 완전히 주도권을 쥐게 되어 상위 요소들이 신체를 떠날 때, 우리는 정신적 탄생과 신체적 죽음을 맞이하게 됩니다. 우리에게는 각 시기마다 나타나는 일반적인 질환들이 있습니다. 급성 염증성 질환들은 우리 신체의 형성기에 나타나는 전형적 질병입니다. 그런 질환들은 훌륭한 면역 체계를 만드는 데 도움을 줍니다. 우리의 면역 체계는 신체가 박테리아나 바이러스로 인한 질병을 겪으면서 비로소 제대로 자리잡을 수 있기 때문입니다.

그리고 나서 인생의 중반기에 우리는 정체불명의 심인성 질환들에 시달립니다.[19] 처방을 받아야 할지, 아니면 우리 영혼의 문제가 신체에 나오지 않도록 영혼 활동을 이끌어갈 방법에 대해 훌륭한 조언을 구해야 할지, 우리는 알지 못합니다. 어느 때보다 심인성 질환들로 고생할 때, 우리는 "교육법칙"이 어떻게 작동하는지를 명확히 알 수 있습니다. 만약 우리가 무언가를 아스트랄체 안에 잡아둔 채 영혼 안에서 그것

---

19) 심인성 질환이란 심리적 요인에 의해 생기는 정신장애 및 신체장애를 뜻한다.

에 작용할 수 없으면, 그것은 한 단계 아래로 내려가 에테르체의 기능에 영향을 미칩니다. 이때 에테르체에 있는 그것을 충분한 수면과 좋은 습관으로 치유하지 못하면, 그것은 신체적 질병들로 이어질 것입니다.

마침내 인생의 마지막 1/3 즈음에는 만성 질환에 걸리기 쉬워집니다. 우리 몸이 어떻게 발달하고 또 어떻게 퇴화해 가는지를 살펴보는 것은 흥미롭습니다. 이 모든 발달과 퇴화가 우리 생애의 균형점인 중년이라는 축을 중심으로 이루어집니다.

우리가 본 것처럼, 신경계와 감각 기관들은 만 8, 9세까지 완전히 발달하게 됩니다. 우리가 이런 발달을 자극하기 위해 무엇을 할 수 있는지를 자문하면, 두 가지 마법의 단어가 나옵니다. 바로 주의력과 움직임입니다. 주의력을 통해 우리는 감각 지각을 자극합니다. 만약 아이가 무언가에 제대로 주의를 기울일 수 없다면, 만약 그 아이가 아주 일찍부터 주의력 결핍 성향이 있다면 말이죠, 어른은 아이와 함께 있으면서, 아이 자신이 주의를 기울이는 상태 안으로 들어가도록 하고 보고 듣는 자신의 의도 안으로 아이를 이끌어, 아이가 관찰하는 것을 도와야 합니다. 이렇게 하면 아이가 안정감을 느끼는 데 도움이 됩니다. 몸이 편안해지면, 의도적으로 보고 듣는 일이 더 잘 되기 때문입니다.

신경계를 위한 또 다른 마법의 단어는 움직임, 즉 활동적이고 능숙한 움직임입니다. 예를 들어, 태어날 때 산소 결핍 문제로 경미한 뇌기능 장애 증상이 있는 아이가 있다면, 우리는 무얼 해야 할까요? 체조, 치유 체조, 움직임이 그것입니다. 두뇌를 치료하고 재생하기 위해서는 움직임이 필요합니다. 그렇기 때문에, 아이들이 충분히 움직이지 않거나 그 움직임이 충분히 능숙하지 않아서 그들 자신을 위해 고유한 형상들과 고유한 움직임들을 창조하지 못한다면 매우 해롭습니다. 기술이 아이의 활동을 대신하고 아이는 훌륭한 구경꾼이자 통제자가 된다면, 신경계와 감각 기관들은 전혀 자극을 받을 수 없습니다. 이것은 정말 큰 문제입니다. 지금까지 이미 3대째 잘못된 교육을 받았기 때문에, 우리 아이들 중에는 애초부터 이런 증상을 가지고 오는 아이들이 있습니다.

물론 주의력결핍이 인류의 역사만큼이나 오래되었다고 말하는 사람들은 늘 있습니다. 맞는 말입니다. 대부분의 질병은 인류의 동반자죠. 하지만 역사의 각 시기마다 특정한 질병들이 두드러졌습니다. 주의력결핍장애는 우리 생애 동안 기하급수적으로 증가했습니다. 가령, 멕시코시티에서는 환경오염과 기술적 문제들로 인해 이미 전체 어린이의 30%가 주의력결핍증후군을 앓고 있습니다. 하지만 제가 멕시코에서 1년 동안 살았던 1960년에는 이 장애가 전혀 알려지지 않았습니다. 그리고 학교에서 만난 사람들은 굉장히 친절했습니다.

37년 전 새크라멘토에서처럼 말이죠. 그것은 지금과는 완전히 다른 상황이었습니다.

약물에도 같은 현상이 있습니다. 다시 말하지만, 어떤 사람들은 약물이 인류의 역사만큼이나 오래되었다며(성애도 마찬가지), 그것이 사실 현대의 문제만은 아니라고 말합니다. 제가 진심으로 드리는 말씀은, "천만에요"입니다. 물론 약물은 인류의 역사만큼이나 오래되었지만, 인류가 약물을 사용하는 방식은 매우 의식적이었습니다. 의학적 목적이든, 신성하고 의례적인 목적이든, 약물의 사용은 최대한 통제되었고 문화에 잘 통합되어 있었습니다. 금세기 후반인 지금 우리가 경험하는 것은 사람들이 통제되지 않는 약물 남용, 문화의 해체, 하위문화의 양산 과정에 들어섰다는 것입니다. 이것은 완전히 새로운 현상입니다. 이렇게 약물과 관련된 하위문화가 인류의 미래인지 아닌지를 판단하고 싶지 않거나 판단을 유보하고 열어 둔다고 해도, 우리는 이것이 완전히 새로운 문제라고 말할 수밖에 없습니다.

약물 문제, 즉 치료제와 약물에 대한 중독은 마약의 문제만은 아닙니다. 약물 문제란 프로작Prozac, 암페타민amphetamines, 리탈린Ritalin 등의 문제입니다. 약물 문제는 우리가 더 이상 우리의 영혼을 통제할 수 없기 때문에 약에 중독된다는 것입니다. 문제는 우리가 우리의 영혼 안에 살 수 없다는 것입니다. "나"는 영혼 안에서 불행하다고 느껴 그 안에서 더 이상 평화롭게 살 수 없습니다. 영혼 안에서 진행되는 갈등에는 물질의 도움이 필요하고, 의사가 필요합니다. 그게 문제이고, 새로운 문제라는 것입니다. 이전에는 단독의 "나"가 해방되지 않았습니다. 사람들은 성, 의례, 관습으로 통합되어 있었습니다. 거기에 약물 사용이 있어도, 그것은 의식의 일환이었습니다. 사람들은 사회적 테두리 안에서, 개인에게 특정한 행복감을 주는 사회적 형태 안에서 살았습니다. 물질에 의해, 기계에 의해, 외부로부터 오는 행동에 의해 끌려드는 것은 새로운 현상입니다. 그것은 우리를 수동적인 상태로 머물도록, 내적으로 점점 더 공허해지도록 가르칩니다. 그렇게 되는 것을 멈출 수 없을 때가 종종 있으므로, 우리는 균형을 찾아야 합니다. 이것은 커다란 교육 과제입니다. 우리는 — 적어도 학교에 다닐 동안에는 — 내적 활동, 영혼 활동, 신체 활동을 돕는 교육을 통해 우리 문화가 아이들에게 끼치는 어두운 영향에 균형을 맞출 필요가 있습니다.

만 8세에서 14, 15세 사이의 기간에 우리는 리듬 기능을 맡은 기관들의 발달을 경험합니다. 우리는 다양한 활동을 통해 이 신체 기관들을 자극해야 합니다. 왜일까요? 모든 예술 활동은 리듬과 관련이 있기 때문입니다. 어떤 예술 활동이라도 연습이 필요합니다. 우리는 반복을 통해 능력을 계발합니다. 사람은 강화하고 이완하고, 강화하고 이완하면서, 반복하는 법을 배웁니다. 호흡이 바로 그렇습니다. 한편으로 이런 연습은 신체 안에 그런 리듬 활동이 만들어지는 데 도움을 줍니다. 다른 한편으로 우리의 영혼, 우리의 감정, 우리의 정서적 삶은 예술 활동에 가장 이끌립니다. 우리는 늘 판단합니다. "멋지지? 아니야? 내가 지금 만족스러운 걸까, 아니면 같은 걸 세 번, 네 번, 다섯 번, 화가 날 때까지 실패해서 싫은 걸까? 지금 당장 제대로 하고 싶은데 말야!" 우리의 감정 활동은 예술 활동에 무척 깊은 영향을 받습니다. 예술 활동이 리듬 기관들을 발달시키는 데 도움이 되는 것도 그런 까닭입니다. 어제 말씀드린 것처럼 감정은 심박과 호흡 과정을 깊고 활기차게 합니다.

세 번째로 우리는 신진대사계의 발달에 이릅니다. 발도르프 교육에서 가장 훌륭한 질문 중 하나는 "골격계의 성장과 신진대사계의 활성화를 어떻게 자극할 것인가?"입니다. 물론 움직임과 예술 활동은 모든 것에 좋고, 신체 기능을 사용하기 때문에 심지어 골격 발달에도 좋지만, 그것들로는 충분하지 않습니다. 실제로 골격계와 신진대사계의 성장과 발달을 위해서는 자기만의 훌륭한 생각들을 갖는 것보다 더 좋은 자극이 없습니다.

저에게는 10학년 아이들과의 수업이 전형적인 경험이었습니다. 당시 저는 심장과 관련된 생리학을 가르치고 있었고,

순환계에 대해 이야기한 다음 질문을 했습니다. "윌리엄 하비[20]는 순환계가 개방 체계가 아니라 아리스토텔레스가 생각한 것처럼 폐쇄 체계라는 것을 어떻게 알게 되었을까요?" 저는 아이들에게 조건들, 즉 하비가 사용한 모든 것, 하비가 그 시대의 지식 수준에서 알았던 모든 것을 제공했습니다. 그리고는 아이들에게 하비가 되어 지금 순환계가 폐쇄 체계임을 스스로 알아내라고 요구했습니다. 30분 동안 아이들은 진정으로 생각하고 분투했으며 어린 하비가 되기 위해 노력했습니다. 순환이 닫힌 체계에서 이루어지는 비밀스런 이유를 어떻게 찾을 수 있는지에 대해 수많은 추측이 쏟아졌습니다. 마침내 30분이 지나고 한 남학생이 해결책을 찾았습니다. 하비가 발견한 것과 같은 생각이었습니다. 저는 이렇게 말해주었어요. "훌륭해! 네가 오늘의 하비로구나. 바로 그거야."

그리고 저는 기적을 보았습니다. 그 기적으로 저는 앞에서 언급한 현상에 정말로 눈을 뜨게 되었습니다. 이 학생은 그동안의 자세와 몸가짐을 완전히 바꾸었습니다. 그 전에는 아주 월등한 학생이 아니었고, 앉아 있을 때는 — 10학년이라는 걸 기억하세요 — 항상 축 늘어져서 이렇게 책상에 팔을 괴고, 엎드리고, 의자에 눕듯이 앉아서 제가 말하는 것을 받아 적었습니다(또는 적지 않았습니다). 항상 교실 뒤쪽에 앉았지요.

---

20) William Harvey(1578-1657) : 영국의 의사이자 생리학자.

그런데 학급의 모든 친구가 그 학생을 쳐다보고, 이 별난 학생이 정답을 찾았다는 사실에 매료된 그 순간, 그 학생은 완전히 똑바른 자세로 앉았습니다. 그 학생은 수업에 주목하고 열심히 참여했습니다. 그 모습에서 저는 자신의 사고에 대한 믿음이 어떻게 그 사람을 새로운 올곧음(uprightness), 완전히 다른 자세를 갖도록 이끄는지를 보았습니다. 쉬는 시간에 저는 학교의사실 창문으로 그 학생이 운동장을 걷는 것을 보았습니다. 그 학생은 마치 뭔가를 얻어낸 사람처럼 완전히 다르게 걸었습니다. 쉬는 시간에 친구들과 뭔가를 꺼내놓고 떠드는 아이들에 섞여 있던 그 학생이 그렇게 갑자기 달라진 자세로 걷는 모습은 정말 놀라웠습니다. 의식적인 사고의 에너지를 통해 자아가 어떻게 그 학생의 몸에 침투하여 새로운 자세로 이끌었는지 실제로 볼 수 있었습니다.

이것이 바로 파르치팔의 주제 — 질문, 질문, 질문 — 가 청소년들이 자신에게 맞는 생각들을 찾아 진정으로 올곧은 인간이 되는 데 도움이 되는 이유입니다. 이 마지막 7년 동안의 성장은 자아의 힘에 의해 지배되며, 자아는 신체적 성장이 완전히 끝난 뒤에 탄생합니다. 이 시기 동안 키와 몸무게는 평균적으로 아스트랄체와 에테르체의 성장 단계만큼 현저하게 증가하지 않지만, 이 마지막 시기에 자아의 힘은 신체에 깊이 작용합니다. 우리는 아이들이 사고 가운데 깨어나고 스스로 올곧은 자세를 갖도록 일깨우는 것으로 자아 활동을 자극해야 합니다. 그러면 자아 활동은 신진대사계와 골격계에 깊이 작용하게 됩니다. 우리가 가르치는 방식은 이렇게 신체 발달을 자극하는 데 엄청나게 큰 도움이 됩니다.

이어서 우리가 인생의 마지막 1/3에 들어설 때에도 흥미로운 일이 일어납니다. 우리가 신체적 힘이 줄어들고 퇴화한다는 것을 처음 느끼는 부분은 신진대사-사지체계입니다. 여성은 만 40에서 50세 사이에 생식 능력을 잃기 시작합니다. 우리의 골격 문제가 보통 그 나이에 시작되는데, 류머티즘 증상들이 대표적입니다. 그리고 나서 만 50에서 60세 사이에는 심장의 리듬 기능 장애(첫 번째 심장마비)가 시작되고, 기관지염과 같은 폐 질환이 시작되는 전형적인 연령대입니다. 그리고 그 이후에 우리는 신경계와 감각 기관들에 만성적인 문제가 생기기 시작합니다. 먼저 발달한 기관일수록 나중에 퇴화합니다. 좋은 자극을 통해 육화가 잘 이루어질수록 인생의 마지막 1/3 기간에 만성 질환의 문제가 적습니다. 따라서 발도르프 교육은 그야말로 인생 후반기를 위한 예방적 보살핌입니다. 이것은 발도르프 교육의 매우 중요한 부수 효과입니다.

앞의 도표에서 여러분은 또한 에테르 힘이 신경계로부터 자유로워질 때 우리가 얻게 되는 지성의 힘, 사고와 상상의 힘이 발달하는 것을 볼 수 있습니다. 그런 다음 리듬적 힘이 사고를 위해 자유로워질 때, 우리는 사고 속 호흡 활동인 판단력을 얻게 됩니다. "할 것인가, 말 것인가?"를 판단하는 것은 사고 안에 있는 리듬 기능입니다. 끝으로 우리는 사고 안에서 이루어지는 신진대사 활동인 개인의 고유한 창조성을 발달시킵니다. 독립적인 사고 안에서 자신의 정신적 아이를 낳고 자신의 정신적인 두 발로 서는 것, 그것이 사고 발달의 마지막 단계이며, 그런 뒤에야 우리는 성숙해집니다.

인생에서 퇴화가 시작되는 시기에 재생의 힘들이 신체로부터 풀려나면 새로운 사고 능력이 생깁니다. 그러므로 우리가 중년의 위기를 극복하기 위해서는 새로운 이상주의(idealism)가 필요합니다. 그 시기에 이런 새로운 힘을 이용하여 건강의 새로운 균형을 찾는 이상주의가 다시 태어나지 않는다면, 만성 질환은 점점 더 악화될 것입니다. 그 다음 단계인 만 50에서 60세 사이의 사람들에게서는 성숙한 사회적 판단력이 보입니다. 젊은이들이 매우 감정적이고 개인적으로 판단하는 반면, 50대의 성숙한 사람들은 자신의 의견과는 별개로 판단하는 법을 배웁니다. 그들이 훌륭한 조언자가 되는 것은 자신의 판타지나 판단을 내세우지 않고 문제가 무엇인지를 진정으로 찾고자 노력하기 때문입니다. 그리고 마지막으로 감각 기관들과 신경계의 퇴화 속에서 상상의 힘이 풀려나게 될 때, 정신적 힘들을 사용하는 법을 배운 사람이라면 지혜로운 노인의 예지력을 얻게 됩니다. 자신의 잠재력을 활성화하도록 아이들을 돕는 것, 그것이 교육에 주어진 가장 강력한 과제입니다.

제가 받은 질문 중 몇 가지에 대해서만 간략하게 다룰 수 있었습니다. 내일은 제가 할 수 있는 한 많은 질문에 답하도록 노력하겠습니다.

5강
질의응답

- 오이리트미의 효과
- 교사를 위한 "교육법칙"
- 교사가 학생의 아스트랄체, 에테르체, 물질체와 잘 작업하는 방법
- 교사의 자아 능력을 강화하는 마법의 단어, "동일화"
- 교사의 아스트랄체를 위한 마법의 단어, "유연성"
- 교사의 에테르체를 강화하는 의례 행동
- 물질체의 키워드, "기쁨"
- 주의력결핍증후군에 대응하는 전략
- 천식, 알레르기와 인지학 의학
- 리탈린 복용의 문제와 대안
- 임신 중 알코올, 체외수정
- 에포크 수업, 주5일제 수업의 리듬 문제
- 치아 발달의 시기 문제
- 알맞은 수업의 길이

1998년 2월 19일 수요일

  사랑하는 친구 여러분, 발도르프 교육의 배경은 교육과 건강이라는 문제입니다. 이번 컨퍼런스에서 우리가 집중한 주제는 매우 기본적이고 매우 광범위했습니다. 물론 그렇게 적은 강연 횟수에 비해서는 너무 큰 주제였습니다. 하지만 제가 제시한 한두 가지 관점으로 인해 여러분이 다음과 같은 질문을 항상 일상적 작업의 배경에 두는 것이 얼마나 중요한지 아셨기를 희망합니다. "아이들과 함께 하는 모든 일에서 나는 아이들의 관심사, 아이들의 웃음과 활동뿐 아니라 그들의 구체적인 신체 발달에 어떤 영향을 끼치는가? 나는 내가 무엇을 하고 있는지 정말로 아는가?" 우리는 오로지 이 질문들과 함께 살아갑니다.

그리고 이제 우리가 이번에 한 작업의 마무리로 몇 가지 내용을 다루기 전에, 저는 여러분의 질문에 대해 매우 감사하다고 말씀드리고 싶습니다. 눈이 번쩍 뜨이는 질문을 받으면 언제나 새로운 생각을 엄청나게 많이 얻으니까요. 그런 질문 덕분에 제가 누군가 오해할 수 있게 말했을 수도 있음을 알게 되고, 그러면 제게 깨달음이 생기기도 합니다. 그런 질문들은 또 제가 생각할 수 있었을 텐데도 생각해내지 못한 완전히 다른 방향을 저에게 보여줍니다. 그건 제게 큰 도움이 됩니다. 다른 한편으로는, 너무 많은 질문을 받게 되면, 제가 기대에 부응할 만큼의 능력이 안 된다는 저 자신의 부족함을 느끼는 유익한 계기가 됩니다.

오이리트미 공연을 했던 도로시아 마이어Dorothea Mier가 어제 오이리트미에 대해 제가 한 발언 때문에 무척 속상해했습니다. 그래서 제가 말하고자 했던 것을 명확히 하기 위해 몇 가지 덧붙여야 하겠습니다. 오늘 아침 도로시아는 해야 할 일이 많아서, 어제 이야기에 대한 반론을 제기하고 싶지만 이 자리에 올 수 없다고 했습니다. 그래서 저는 그녀가 하려던 반론까지 대신 전하면서 제가 하고자 했던 말을 명확히 하겠다고 약속했습니다.

물론 여러분은 오이리트미 공연을 보면서, 또 직접 공부를 하면서 오이리트미 공부가 얼마나 중요하고 다양하며 섬세한지 경험하셨을 겁니다. 예를 들어, 교사가 이런 작업을 한다면, [동작을 시연하며] 이것이 오이리트미의 E가 아니라는 것을 여러분은 느낄 것입니다. 그것은 단지 멋진 움직임일 뿐입니다. 그렇지 않나요? 오이리트미의 A, 오이리트미의 E는 전혀 그런 것이 아닙니다. 그것은 에테르적인 흐름입니다. 그리고 여러분이 자주 연습해서 루돌프 슈타이너에게 우리의 심장이 에테르 힘의 근원이고 모든 모음이 심장 영역에서 기원한다는 것을 배운다면, 여러분은 먼저 모든 운동 능력을 거둬들여 침묵하도록, 순수한 의도가 되도록 한 뒤, 이 충동이 무게는 없지만 강렬함이 있는 무언가로 느낄 필요가 있다는 것을 알게 될 것입니다. 에테르적 특성은 물리적 무게가 없습니다. 그것은 공간이 아니라 오로지 시간 속에서 흐릅니다. 실체와 무게를 지닌 우리의 물질체는 3차원 공간에서 자신을 드러냅니다. 우리의 에테르체는 오직 시간 속에서만 살아갑니다. 그것은 순환의 체계이고, 리듬의 체계이며, 모든 생명 순환의 체계입니다. 그것은 시간 속에서 이루어지는 발달의 법칙 체계입니다. 그것은 진화의 흐르는 듯한 변화의 기초입니다. 이 에테르체와 물질체가 바로 우리가 아는 식물, 동물, 인간의 물질적-에테르적 구성입니다. 오이리트미를 공부할 때, 여러분은 이 에테르 영역에 들어가 물리적인 움직임까지도 이 에테르적 재료로부터 만들어내야 합니다. 이런 태도를 갖추려면, 그리고 물질체의 무거움에서 나와 에테르체의 가벼움으로 몸을 움직일 수 있으려면, 여러분은 수년 동안 공부해야 합니다. 훈련 없이는 오이리트미에서 그런 것을 해 낼 수 없습니다. 제가 한 말은 담임교사가 오이리트미 교사를 대신해야 한다는 뜻이 아니었습니다. 그럴 수가 없죠. 오이리트미는 매우 특별한 것이니까요.

제가 나누고 싶었던 것은 저 자신의 깊은 관심사였습니다. 유럽은 대부분의 발도르프 학교에 오이리트미 교사가 있지만, 그 유럽에서도 저는 지금까지 그런 걱정을 안고 살아왔습니다. 지금 재정은 예전보다 더 나빠졌고, 어려움을 가진 아이들을 정말로 잘 맡아줄 수 있는 오이리트미 선생님이 적어졌습니다. 그 바람에 오이리트미를 가르치는 상황이 가장 좋은 독일에서도 불균형이 커지고 있습니다. 경제적 이유로 또는 어려움이 있는 아이들을 맡을 수 있는 사람을 찾을 수 없어서 오이리트미 수업이 사라지는 학교가 점점 늘어났습니다. 그곳의 교사들과 함께, 또는 이곳과 같은 교사 컨퍼런스에서 함께 작업하면서 오이리트미의 특별한 건강 증진 효과, 교육학적 효과에 대해 이야기를 나누어 보면, 오이리트미가 무엇이고 어떻게 기능하는지 실제로 아는 교사가 거의 없다는 사실을 깨닫습니다. 그래서 저는 할 수 있는 한 오이리트미를 많이 공부하라고 교사들에게 늘 권합니다. 그렇게 하면 세 가지 중요한 효과를 얻기 때문입니다. 한 가지 효과는 오이리트미를 하는 사람들이 건강해진다는 것입니다. 오이리트미는 사람을 건강하게 하는 예술입니다.

두 번째 긍정적 효과는 더 잘 움직이고 몸짓(gesture)을 훨씬 더 잘 사용하게 된다는 것입니다. 그게 여러분이 수업 도중에 오이리트미를 한다는 뜻은 아니지만, 날마다 약간의 오이리트미를 하면, 자신도 모르게 몸짓이 바뀌기 시작합니다. 저는 유치원부터 12학년까지 오이리트미를 할 기회가 있었기 때문에 경험적으로 드리는 말씀입니다. 학교를 떠난 뒤로 저는 정말로 뭔가를 놓치고 있다는 느낌이 들었고, 그래서 날마다 오이리트미를 조금씩 하기 시작해서 지금까지 계속해 왔습니다. 사람들이 저에게 묻습니다(저는 몸이 탄탄해 보이지 않거든요). "어떻게 항상 그렇게 바쁘게 지낼 수 있습니까? 어떻게 이것저것 다 할 수 있습니까? 왜 피곤해 보이지 않습니까? 피곤한데 어떻게 모든 일을 처리할 수 있습니까?" 그러면 저는 늘 이렇게 대답합니다. "한 50퍼센트는 오이리트미 덕분입니다." 이 얘기는 여기까지 하겠습니다. 오이리트미와 함께 살아온 경험이라면 몇 시간이라도 이야기할 수 있으니까요. 오이리트미는 실로 엄청난 겁니다. 오이리트미는 여러분이 하는 일을 더욱 활기 있게 하는 효과가 있습니다. 여러분이 내적 움직임과 외적 움직임을 기초로 하여 더 활기차게 일을 하게 되기 때문입니다. 여러분은 내면에 있는 것을 몸으로 표현하면서 살아가는 법을 배우고, 이것은 여러분 자신의 내적 영혼의 움직임을 더욱 유연하게 해주는 동시에 여러분의 외적 움직임에 더 많은 표현력을 줍니다. 다시 말하지만, 이것은 여러분이 종일 오이리트미를 하고 있게 된다는 것이 아닙니다. 여러분이 가능한 모든 범위의 움직임을 행하는 능력이 생긴다는 뜻입니다. 오이리트미에서 찾을 수 없는 움직임은 없습니다. 예를 들어, [동작을 시연하며] 이것은 에테르적으로가 아니라 물질적으로 행하는 "L"의 시작입니다. 모든 움직임은 오이리트미적 움직임의 물질적 반향(echo)이며, 물론 이것은 무언가를 표현합니다.

세 번째이자 가장 중요한 부수적 효과는 담임교사가 오이리트미를 좋아해서 간단한 위생 관련 동작, 즉 명상과 통합된 동작을 할 때 발생합니다. 예를 들어, 아침 시를 하면서 "내 머리는 가볍습니다. 내 손발은 힘셉니다. 내 가슴은 기쁩니다." 동작을 하는 경우가 그렇습니다. 담임교사가 그런 동작을 하고 아이들이 오이리트미 수업에서 그 동작을 다시 발견하면, 아이들은 훨씬 더 깊고 구체적으로 오이리트미를 배울 것입니다. 아이들은 믿고 의지하는 선생님, 담임교사로서 모든 지혜를 전해주는 선생님이 오이리트미를 지지하고 좋아한다는 것을 깨닫게 될 것입니다. 그리고 아이들이 사랑하는 권위의 주체인 담임교사가 오이리트미를 좋아한다면, 아이들은 "아, 오이리트미는 다른 수업들하고는 좀 다른 것이네. 그럼 맘에 들면 하고 아니면 안 하지 뭐." 하고 생각하지 않고 오이리트미 교사를 훨씬 잘 받아들일 것입니다. 담임교사들이 오이리트미에 대한 관심과 발도르프 교육에 대한 의미를 심화해 나간다면, 오이리트미 교사는 오이리트미를 가르치기가 훨씬 쉬워지고, 학생들의 몰입은 더 나아질 것입니다. 이것이 제 관심사입니다. 그리고 저는 선생님들에게 그렇게 권합니다. 그래서 오이리트미가 학교에서 사라지지 않고, 아직 충분히 드러나지 않은 오이리트미의 모든 가능성, 모든 잠재성이 향후 수십 년 동안 실현될 수 있기를 바랍니다. 그것이 제가 말하고자 한 것이었습니다. 이미 생겼을 오해가 더 심각해지지 않기를 희망합니다. 여러분은 오로지 "오이리트미를 사랑하자"는 이야기였다고만 기억해주시면 좋겠습니다.

이제 질문으로 넘어가겠습니다. 제가 여기 왔을 때도 같은 질문을 마음에 품고 있어서 그런지, 이 훌륭한 "교육법칙"을 우리의 의식과 일상적 실천으로 더 깊이 끌어들이기 위해 무엇을 할 수 있는지를 묻는 질문에 마음이 기쁩니다.

부모와 자녀 양쪽을 대상으로 일하는 교사들, 그리고 성인을 가르치는 교사들에게 "교육법칙"을 어떻게 적용할지 논의하자는 요청이 있었습니다. "교육법칙"은 언제나 작동하고 있으며, 따라서 우리는 어떤 의미로는 항상 "교육법칙"에 따라 작업하고 있다고 할 것입니다. 예를 들어 제가 여기 이렇게 서 있는 동안에도 그것은 작동합니다. 올바른 표현을 찾기 위해 애쓰는 동안에도 저 자신을 좀 가르쳐야 하거든요. 저의 표현은 좋을 때도 있고 나쁠 때도 있지요. 여러분은 저의 이 "자기교육"을 알아챌 수 있습니다. 그리고 자기교육의 효과는 제 모든 구성요소를 통해 퍼집니다. 이것은 "교육법칙"이 작동하는 한 모습입니다. 여러분은 다른 모습도 경험합니다. 제가 올바른 표현을 찾으려고 애쓸 때, 여러분의 자아는 제가 하는 말, 제가 말하는 방식, 또 제가 말하는 내용이 여러분의 자아에 도달하는지, 아닌지를 통해 어느 정도 자극을 받습니다.

그리고 일을 할 때 제 감정과 제 몸짓은 여러분의 에테르체에 영향을 끼칩니다. 여러분은 평화롭게 여기에 앉아 제 사고, 감정, 의지, 제 움직임, 제 정서, 제 목소리의 톤, 제 목소리가 가진 아스트랄적 요소의 영향을 받습니다. 그리고 여러분이 쉬는 시간에 대화를 할 때, 다른 사람들의 무언가에 대한 분노 또는 기쁨에 어떻게 자극을 받는지 주의를 기울인다면, 여러분은 그 영향을 바로 느낄 수 있습니다. "교육법칙"은 이론적인 게 아니고 자각에 대한 질문입니다. 언제나 작동하는 무언가를 우리는 우리의 의식에 가져옵니다. 그것은 성인들 사이에도 작동하고, 나 자신에게도 작동하며, 재육화 사이에도 작동합니다. 그것은 모든 발달을 자극하는 법칙입니다. 식물이 광물질을 변형시킬 때, 이 변형은 광물질을 위한 엄청난 교육이자 엄청난 사건, 새로운 무엇입니다. 상위의 것은 늘 하위의 것을 교육하고 변형시킵니다.

우리가 이 "교육법칙"에 따라 의식적으로 작업하기 위해 무엇을 할 수 있는지 몇 가지 생각을 나누고 싶습니다. **어떻게 하면 우리는 다른 사람, 특히 학생의 아스트랄체와 원만하게 작업하도록 우리의 자아를 교육할 수 있을까요? 학생의 에테르체와 가장 잘 작업하기 위해 우리는 우리의 아스트랄체를 위해서 무엇을 할 수 있을까요? 또 학생의 물질체와 더 잘 작업하려면 우리의 에테르체를 어떻게 이끌 수 있을까요?** 아이들과 작업하는 것, 그리고 어른들과 작업하는 것 사이에는 한 가지 큰 차이가 있습니다. 아이들의 자아는 아직 자유롭지 못하기 때문에 제 영향으로부터 자신들의 구성요소를 보호할 수 있는 거리가 충분치 않습니다. 성인인 저는 자아의 힘과 지적 사고를 통해 타인의 영향으로부터 거리를 둘 수 있습니다. 물론 저는 지금 벌어지고 있는 일에 노출되어 있지만, 이런 많은 영향으로부터 저 자신을 보호하기 위해 내적으로 많은 일을 할 수 있습니다. 제가 공격을 당하더라도, 예를 들어 다음과 같이 생각함으로써 즉각적으로 제 영혼을 동원할 수 있습니다. '그건 올바르지 않아. 나는 그걸 지금은 받아들이지 않을 거야. 그것에 대해서는 나중에 생각해 볼 거야.' 저는 그런 공격에 대응할 수 있습니다. 하지만 어린이는 열려 있어서 그런 공격을 안으로 받아들이게 됩니다. 어린이는 아직 자신을 보호할 수 있는 자기교육의 힘을 가지고 있지 않습니다. "교육 법칙"은 정상적인 아이들보다 자아 능력이 부족한 아이들, 치유 교육이 필요한 아이들, 우리의 학교에 다니는 아이들보다 더 많은 문제가 있는 아이들을 위해 있는 것입니다. 그러나 점점 더 많은 아이들이 자아의 힘에서 어떤 어려움을 가지고 우리의 학교에 입학하기 때문에, 이 "교육법칙"은 우리 모두가 의식적으로 함께 작업하는 데에 더 중요해졌습니다.

우리가 어디를 가든지 우리의 자아 능력을 강화하는 마법의 단어가 하나 있지요. 그것은 "동일화(identification)"입니다. 동일화의 힘은 우리 자아의 가장 순수한 경험입니다. 오로지 자아만이 "나는 나다"라고 말할 수 있습니다. 이것은 동일화의 문장입니다. 아주 특별한 것입니다. "나는 나다"라고 말할 때, 우리는 있는 그대로의 우리 자아를 경험합니다. 우리가 그것을 좋아하든 싫어하든 선택의 여지가 없습니다. 우리는 우리 자신을 있는 그대로 받아들여야 합니다. 그 시작점은 우리가 우리 자신에게 이 기묘한 "나"라는 이름을 지었다는 사실입니다. 그러면 이런 질문을 하게 됩니다. "나는 누구지? 왜 나야? 나는 뭘까? 진짜 나는 오늘의 나일까, 아니면 20년 전의 나일까? 아니면 20년 뒤 미래에 나는 진정한 존재가 될까?" 아주 많은 질문을 하게 되는 겁니다. 우리는 우리 자신에게 질문을 던질 수 있고, 그건 매우 흥미로운 일입니다. 우리는 존재합니다. 그리고 동시에 우리가 존재하지 않았던 것처럼 스스로에게 질문을 던질 수 있습니다. 스스로에게 질문하는 것(동일화 이전)과 답하는 것(동일화 확인) 사이에는 엄청난 긴장감이 있습니다. 이것이 "나"의 신비로, 자기 꼬리를 물고 있는 뱀으로 그려진 고대 연금술의 상징과도 같습니다.

마침내 이 모든 질문을 통해 확정하는 것은, "이것이 나"라는 것입니다. 이것이 내가 원하는 것이고, 나를 나타내는 것이며, 이것이 내 삶의 이상이자, 내 참된 자아입니다. 이 두 번째 과정, 즉 동일화를 확인하는 단계에서 우리가 우리 자신의 활동을 통해 행하는 것은, 신의 창조에 더하는 창조입니다. 이 놀라운 행위는 우리가 스스로 해야 하는 두 번째 탄생입니다. 고통스러운 질문을 통해 우리는 다시 한번 우리 자신을 탄생시키고, 새로운 정체성을 갖게 되며, 이런 정체성에 의해 새로운 안도감이 차오릅니다. 그리고 우리가 이제 무언가를 가르친다면, 이 자아의 신비는 항상 우리 뒤에 있습니다. 우리가 어떤 주제를 가르칠 때 그것과 동일화하지 않고 가르친다면, 우리는 정말 완전히 "나 없이", 즉 자아 없이 가르치는 것입니다. 그럴 때 "교육법칙"은 아이들에게 끔찍한 영향을 끼칩니다. 제 경험으로는, 교사가 자신의 주제에 대해 의식적으로 더욱 동일화하고 질문을 던질수록 아이들은 더 잘 듣고 잘 이해할 것입니다. 교사가 모든 것을 알고 있어서가 아니라, '지금 내가 이것을 왜 좋아하는지, 어떤 중요성과 관련성이 있는지'에 대해 질문하는 과정을 통해 실제로 자신의 주제를 조금씩 이끌어내기 때문에 가르치는 것입니다. 그러면 우리 자아의 힘은 학생의 아스트랄체에서 사고, 감정, 의지가 활발해지도록 좋은 영향을 미칩니다. 이것이 어떤 의미인지 아주 작은 세 가지 예를 보여드리고자 합니다.

수학시간에 숫자를 다룬다면, 여러분은 어떻게 그 숫자와 동일화할 수 있을까요? 처음에는 다소 추상적으로 보일 수 있습니다. 제가 말하고 있는 이 동일화 행위는 교사를 위한 준비이지, 아이들에게 가르치는 게 아니라는 걸 명심하세요. 그것에 대해 가르칠 수 있는 것은, 나이, 질문 등등에 따라 다릅니다. 그러나 여러분 자신을 위해서는, 우리가 삶에서, 기술에서, 창조에서, 음악에서 숫자 다루는 곳을 실제로 살펴보고 질문을 던지는 것이 필요합니다. 숫자는 모든 것에 들어있는 가장 사심이 없는 지배자입니다. 따라서 숫자는 또한 크게 오용될 수 있습니다. 누구나 숫자로 무엇이든 할 수 있지요. 여러분은 숫자로 전쟁을 계획할 수 있고, 숫자로 가장 신나는 전략을 짤 수 있습니다. 숫자로 돈을 벌 수도 있지요. 숫자는 (우리가 인지학을 공부한다면 이것은 가장 도움이 되는데요) 케루빔, 즉 조화의 영이 주는 선물입니다. 우리의 전체 세계는 완전히 조화롭고 숫자를 통해 작동합니다. 다음으로 숫자의 다른 질적 특성에 초점을 맞출 수 있습니다. 자, 1이란 무엇인가요? 2는 양극성, 3은 양극성 사이의 균형, 4는 진행 과정의 안정, 그리고 5는 무질서를 불러오며 항상 위기와 해악의 수였습니다. 주제와 동일화하는 과정에 어떻게 들어갈 수 있는지를 보여주는 흥미로운 예입니다. 선생님이 정말로 수를 좋아하고 수와 함께 살아간다고 느끼는 아이들은 모든 수학 작업을 더 잘 이해할 것입니다.

아니면 여러분은 화학을 위해 물질의 변화라는 신비에 들어갈 수 있습니다. 또는 음악의 법칙에 기초한 요소들의 체계를 들여다볼 수 있습니다. 8개의 음이 한 옥타브를 구성하는 체계 같은 것 말입니다. 또는 역사를 다루면서 여러분이 오로지 어떤 사람이 여기 아니면 저기 살았다는 이야기만 하거나, 여러분 자신이 이해했는지를 고려하지 않고 옛날 동화나 들려준다면, 이는 "교육법칙"의 의미에 맞는 효과를 내지 않을 것입니다. 저는 여러분이 이런 것을 늘 경험하고 있다고 생각합니다. 그러니 더 이상 이야기할 필요는 없을 것 같습니다.

이 동일화의 신비는 자아의 힘을 충만한 집중과 사랑으로 수업에 개입시키는 열쇠입니다. 동일화는 가장 순수한 사랑이고, 사랑은 자아 능력의 가장 강력한 표현입니다. 우리가 이런 자아 능력을 가지고 있다면, 사랑에 대한 생각은 동시에 진리, 참된 이해와 동일합니다. 오로지 이해하려고 최대한 노력을 할 때 여러분은 동일화할 수 있습니다. 만일 그 주제에 대한 여러분의 사랑이 아주 강해서 그 주제를 살아 있게 하고, 또 여러분이 공간을 마련해주어서 그 주제가 스스로 드러날 수 있도록 한다면, 여러분은 자유를 준 것이고, 자유를 향해 교육을 한 것이며, 사랑의 이런 특성은 아스트랄체의 감정이 아니라 자아의 힘입니다. 이런 사랑 안에 진정한 이해 또는 이해하고자 하는 의지가 살아 있고 이런 사랑이 공간을 마련해주어 다른 사람들이 성장할 수 있다면, 그 주제는 드러날 수 있습니다. 자유는 우리가 사용하는 무엇이 아니라 주거나 나누는 무엇입니다. 사랑에서 의지의 측면은 자유이고 인식의 측면은 진리와 이해이며, 사랑에서 감정의 측면이 바로 사랑입니다. 사랑은 동일화의 강력한 태도로서, 이런 태도를 가지면, 아침에 일어날 때 우리는 스스로에게 묻게 됩니다. '오늘 다뤄야 할 것을 어떻게 사랑할 수 있을까?' 이 질문으로 우리가 그것에 더 가까워질 수 있는 새로운 작은 손길을 발견할지도 모릅니다.

우리의 아스트랄체로 하여금 교육할 준비가 되도록 돕는 또 다른 마법의 단어가 있습니다. 그것은 "유연성"입니다. 우리의 아스트랄체는 리듬적이고 움직이는 것으로, 이것은 감정의 지혜, 음악의 지혜를 운반할 뿐 아니라 모든 것을 의식 안으로 가져옵니다. 이것은 모든 것을 깨우는 존재이자, 우리를 감각적으로 예민하게 만드는 존재입니다. 아스트랄체는 사고, 감정, 의지라는, 의식이 깨어 있는 상태에서 이루어지는 영혼 활동의 운반자이고, 그래서 우리 내면이 사고, 감정, 의지의 활동을 의식할 수 있으려면 아스트랄체가 필요합니다. 생각의 힘은 에테르체에서 나오고 의지의 힘은 자아에서 나오지만, 이 활동들은 이 유연한 아스트랄체에 의해 운반되는 영혼 안에서 의식적으로 깨어 있습니다. 아스트랄체는 모든 것에 적응할 수 있고 모든 것을 내면화할 수 있으므로 우리는 영혼 인식, 즉 의식의 내적 공간을 경험합니다. 우리가 만나는 모든 것에 다양한 측면들이 있기 때문에, 유연성은 아스트랄체와 관련하여 마법의 단어입니다. 프랑스에 멋진 속담이 있지요. "모든 일에는 양면이 있다(Toute médaille a son revers, '모든 메달에는 이면이 있다')." 이것이 아스트랄체의 전형적인 모습입니다. 아스트랄체는 호감과 반감 사이에서 살아갑니다. 호감에서 그 반대편 극인 반감으로 가는 것은 실로 엄청난 움직임입니다. 아스트랄체로 인해 우리는 양극 사이의 끊임없는 긴장을 겪고 또 그 사이에서 유연하게 살아야 합니다. 예를 들어, 여기 앉아 있는 동안 여러분은 여기에 있으니 참 좋다고 생각하시겠지만, 집에 있는 자녀들은 여러분이 없어서 괴로울 수도 있습니다. 자녀들은 같은 사건에서 여러분과는 다른 측면을 경험하는 것입니다. 이 컨퍼런스에는 좋은 면과 안 좋은 면이 있습니다. 여러분이 집에 있다면, 안 좋은 면은 여러분이 여기 있지 않다는 사실입니다. 따라서 여러분이 원하는 것을 한다고 해도, 여러분은 늘 긍정적 측면과 부정적 측면을 갖게 될 것입니다. 인지학을 통해 우리는 모든 일에 두 가지보다 더 많은 측면이 있다는 것을 알게 되지만, 지금은 여기까지 하겠습니다.

영혼 안에서 우리가 유연해지려면 최소한 두 가지 측면을 가진 상태에서 우리 자신을 훈련시켜야 합니다. 우리가 스무 명에서 스물다섯 명, 심지어 서른 명의 아이들을 만나야 한다면 — 유럽 학교에서는 마흔 명인 곳도 있습니다. — 아이들은 매우 다양하게 반응하기 때문에 여러분은 엄청나게 유연해져야 합니다. 어떤 아이들은 여러분이 수업에 동원하는 것에 흥분하고, 다른 아이들은 지루하다고 생각하며, 또 다른 아이들은 아예 듣지도 않을 것입니다. 모든 아이가 흥분할 것이라는 기대 또는 편견 없이 여러분은 여러분의 아스트랄체로 이 다양한 움직임 모두를 받아들여야 합니다. 여러분이 이런 방식으로 접근한다면, 물론 아이들은 모두 여러분이 동원하는 것에 점점 더 흥분할 것입니다. 왜냐하면 아이들은 교사가 자신들을 이해하고 인정하며 받아들이고 통합한다는 느낌을 받을 것이기 때문입니다. 하지만 이것은 엄청난 과정이므로 많은 노력이 필요합니다. 가령, 수업 내용에 빠져들지 못하는 학생들이 있다면, 여러분은 "아, 쟤들은 어디가 아픈 애들이야"라거나 "멍청한 녀석들이야"라고 혼잣말이라도 함부로 하지 말아야 합니다. 오히려 여러분은 그 아이들의 도발적 모습과 상황을 이해할 때까지 특정한 행동의 이유를 연구 질문 삼아 제대로 살펴보아야 합니다. 그럴 때 그 아이들을 통합할 수 있습니다. 그러려면 여러분의 감정 활동이 엄청나게 유연해야 합니다. 대하기 어려운 아이들에 대해 반감을 가지면, 진정한 이해의 문이 닫혀버리기 때문입니다. 아스트랄체의 문제는 우리가 기분이 너무 빨리 상한다는 데 있습니다. 우리가 유연성을 잃고 쉽사리 마음의 문을 닫아버리는 것은 위험합니다. 사춘기 아이들은 극도로 화가 나고 속상해서 며칠씩이나 서로 말도 주고받지 않는 모습을 보이는 경우가 흔

합니다. 아스트랄체는 움직임 속에 살아가며, 모든 일을 다양한 측면에서 보는 동시에 끊임없이 적응 행동을 합니다. 나의 아스트랄체는 유연성을 사랑하고 내 자아는 동일화를 사랑한다는 것을 깨닫는 것만으로도 큰 도움이 됩니다. "나"는 이 유연성과 동일화를 육성하기 위해 노력해야 합니다.

에테르체는 자아가 개입되지 않은 습관의 영역이고 오래 지속되는 *리듬*의 영역입니다. 우리의 에테르체는 유연성을 가진 아스트랄체와 달리 결코 자발적이지 않습니다. 에테르체는 매우, 매우 지루하며 항상 같은 것을 반복합니다. 우리 몸이 건강한 상태라면, 우리는 에테르체가 우리의 건강을 반복시킨다는 것에 기뻐할 수 있습니다. 에테르체는 같은 움직임을 반복하고 반복하고 또 반복해야 하는 모든 장기의 기능을 통제합니다. 먹을 것을 주고, 모든 것을 반복하고, 시간을 관리하고, 수업을 제때 시작하여 제때 끝냄으로써 리듬을 유지토록 하는, 삶을 위한 이 모든 봉사는 큰 도움이 됩니다. 의례화된 행위를 하는 것은 아이들과 여러분 자신의 에테르체를 강화하는 데 아주 많은 도움이 됩니다. 만약 여러분이 아침에 교실 문 앞에 서서 특정한 의례 행위를 하고, 특별한 방식으로 인사를 하며, 몇 가지 활동을 아침마다 한다면, 아이들은 그것을 좋아하게 될 것입니다. 그래서 여러분이 그런 행동을 하지 않으면, 아이들은 그런 의례화된 행위들을 보고 싶어할 것입니다. 시작과 끝맺음을 위한 조그맣고 멋진 의례들,

아이들이 사랑하고 아이들의 물질체를 강화하는 규칙적 활동들, 여러분의 에테르체를 영구적으로 강화하는 것들을 찾아보십시오. 그리고 규칙적이고 리듬적이며 짧은 의례인 아침 시에 되도록 많은 동일화, 유연성, 좋은 리듬이 담기도록 하시기 바랍니다. 그러면 그 에테르적인 각인이 강한 힘을 갖게 될 것입니다.

물질체의 키워드는 *기쁨*입니다. 이번 주 분과 토의가 끝나고 친구들이 찾아왔는데요, 제가 지혜의 여신 소피아에게 찬사를 보냈기 때문입니다. 이 여신은 우리가 그녀의 행위를 따라해야 닿을 수 있는 그런 존재입니다. 소피아는 아이를 낳기 전에 고통을 겪어야 하고, 인간을 맞이하기 전에 요한계시록에 묘사된 것처럼 사막에 있어야 합니다. 진정한 지혜를 얻기 전에 용을 정복해야 합니다. 이것은 고통을 거쳐 기쁨으로 가는 길을 보여주는 이야기입니다. 기쁨이란 고통 없이 바로 얻기도 하지만, 그건 소피아의 길이 아닙니다. 이를 두고 우리는 잠시 토론했습니다. 교육에 대한 초기 강연에서 루돌프 슈타이너는 물질체에 관해 다음과 같이 키워드만 언급했습니다. "물질체는 기쁨을 통해, 교사의 모든 미소를 통해, 어머니의 친절한 모든 몸짓을 통해 건강하게 자랄 것입니다." 기쁨은 신체 기관이 자랄 수 있도록 그것을 둘러싼 대기와 같습니다.

우리 어른들은 때때로 현존 안에서 얼마간의 기쁨을 얻는 것이 대단히 어렵습니다. 그 기쁨이란 우리가 아직 여기에 있어서 해, 하늘, 꽃들을 볼 수 있다는 기쁨, 우리가 사랑하고 좋아하는 사람들과 일들을 생각할 때의 기쁨, 어쩌면 우리가 무언가를 배워야 할 때를 제외하고는 우리를 보호해주는 천사가 우리에게 있다는 것을 기억할 때의 기쁨입니다. 천사는 우리가 무언가를 배워야 할 때 날개를 살짝 거둬들여 우리에게 필요한 고통이 오게 하지만, 다른 모든 고통은 다가오지 못하게 합니다. 우리는 고통을 겪을 필요가 없으며, 다른 사람들의 고통을 볼 따름입니다. 그래서 우리는 학생들의 물질체가 이렇게 보호하는 대기를 만날 수 있도록 기쁨이라는 요소를 우리 삶 안으로 끌어들일 전략들을 찾습니다. 배우고 유연해지는 것은 소피아의 길로서 늘 약간의 고통을 일으킵니다. 우리는 자신을 극복해야 하고, 용서해야 하며, 억울하게 비난받아 쓰라린 아픔을 느낄 수도 있습니다. 이것이 고통이라는 문지방입니다. 에테르체는 생각의 영역이며, 물질체는 현존의 기쁨이라는 영역입니다. 자아는 저 동일화의 영역이며, 배우고 변형하려는 의지의 영역입니다.

그것이 바로 우리가 처해 있는 드라마입니다. 그리고 우리가 여러 과목과 학급 활동 이외에 아이들이 만나고 싶은 것이 무엇인지를 잊지 않는 데 도움이 되는 것이 동일화, 유연성, 리듬, 기쁨 등 우리를 안내하는 주제들입니다. 이런 자질

들은 어린이를 교육하고 자극합니다. 이처럼 훌륭한 선생님의 모습을 경험하는 것은 신나는 일이기 때문에 인간이 되어 간다는 건 가치가 있다는 확신을 어린이에게 전합니다. 그것은 진정으로 우리가 할 수 있는 최선입니다. 대부분의 아이들에게는 집에 그런 어른들이 없기 때문입니다. 교육자들은 종종 학교에서 아버지와 어머니의 특성을 아이들에게 전해야 합니다.

이것이 제가 이 "교육법칙"에 대한 결론으로 드리고 싶었던 이야기입니다. 이제 이 질문의 꽃바구니를 펼쳐 보겠습니다!

주의력결핍증후군(ADD)에 대한 질문이 몇 개 있었고, 주의력결핍이 아니라 주의력에 과도하게 초점을 맞추는 것이 그 병의 본질이라는 이론을 상기시키는 질문도 있었습니다. 우리가 이 증후군의 역사, 즉 과잉행동증후군, 주의력결핍증후군, 그리고 여러분이 아실지도 모르는 다른 이름들이 있는데요, 그 역사를 살펴본다면, 거기에는 이 문제를 이해하기 위한 다른 이론들이 있어 왔습니다. 첫 번째 이론들은 그것을 학습 문제, 발달 문제, 거기에 약간의 도덕 부족으로 다루었고, 그래서 사람들이 이런 아이들을 항상 "똑바로 앉아", "똑바로 행동해", "너 정말 못됐구나" 하고 공격하는 바람에 아이들은 늘 도덕적으로 비난받는다고 느꼈습니다. 물론 그런 이론은 이 아이들에게 도움이 되지 않았습니다. 많은 연구가 이루어진 결과, 금세기 말에 이르러 이 장애는 두뇌의 신경전달물질체계의 불균형, 특정 신경전달물질의 과잉 자극 또는 과소 자극 때문이라는 이론으로 전환되었습니다. 주의력과잉자극 이론은 신경전달물질의 과다 및 과소 자극에 기반합니다.

  이 모든 이론과 견해는 무슨 일이 일어나고 있는지 이해하는 데 도움이 되는 관점들이긴 합니다. 하지만 교육자 및 의사로서 우리에게 다행인 점은 교육적 전략이란 모든 이론과 무관하게 항상 동일하다는 사실입니다. 이 전략은 우리가 가지고 있는 프로그램에 주의력을 갖고 들어올 수 없는 아이들, 많은 힘과 의지력, 에너지를 가지고 있지만 우리의 프로그램에 맞게 통제할 수 없는 아이들에 관한 것입니다. 많은 것에 몰두하는 것처럼 보이지만 우리가 원하는 것에 거의 몰두하지 못하는 아이들 말입니다.

  우리의 전략은 먼저 아이의 신체 상태를 이해하고, 어떤 일을 할 강한 의지와 집중과 힘이 있는데도 통제와 안내가 부족하다는 것을 알아내는 것입니다. 아이들을 돕기 위해 우리는 아주 작은 단계들로 구성된 전략을 찾아야 합니다. 그 단계들은 아이가 '나는 이걸 해낼 수 있어' 하는 좋은 느낌을 받도록 아주 세밀해야 합니다. 여러분이 주의력결핍증후군에 관한 좋은 책을 읽고 있다면 다음과 비슷한 예화를 찾을 수 있을 것입니다. 주의력결핍증후군을 가진 한 남자아이가 매일 아침마다 화장실을 엉망으로 만들어 놓고 그대로 나갑니다. 그걸 두고 어머니와 여동생은 매일 아침 불평을 하지요. 이 아이는 이렇게 한탄하면서 하루를 시작합니다. "나는 말썽만 부리고 아무것도 못해. 맨날 똑같아. 난 할 수 없어, 난 할 수 없다고."

이 아이는 더 나아지기를 거부하는 걸까요? 아니면 나아질 능력이 없는 걸까요? 원하지 않는 걸까요, 아니면 할 수 없는 걸까요? 이것이 바로 비밀입니다. 교육자로서 우리는 늘 스스로에게 이렇게 말해야 합니다. "모든 아이는 성장하길 원하고, 무언가를 배우길 원한다." 발도르프 교육은 이런 전제를 기초로 합니다. 아이들은 사람이 되고자 학교에 오며, 자신의 삶, 자신의 자아 성장을 위해 배우려고 학교에 옵니다. 그런 아이들이 말썽을 부린다면, 또는 제대로 할 뜻이 없는 것 같다면, 이것은 그 아이들이 정말로 그렇게 할 수 없다는 것을 우리에게 말해주는 것이며, 우리는 그 이유를 찾아야 합니다. 아이들을 위한 정신과 치료의 기본, 학교의사가 교사와 대화를 나누는 기본은 정상적인 프로그램에 들어갈 수 없는 아이들, 자신의 능력을 통제할 특별한 경로가 필요한 아이들을 위해 개별학습 전략을 짜는 것입니다.

그런 다음 더 확인해 볼 수 있겠지요. 이 아이와 아주 멋지게 계약을 맺는 것입니다. "물론 너는 제대로 하길 원하지만,

지금은 그럴 수가 없어. 너는 에너지가 엄청나서, 그걸 통제하기가 다른 애들보다 훨씬 어렵기 때문이야." 그래서 우리는 욕실 문에 멋진 그림과 아름다운 체크리스트가 있는 멋진 지도를 만들어 붙여 두었습니다. "세면대는 깨끗한가요? 칫솔을 잘 꽂아 놓았나요? 하얀 얼룩은 닦았나요? 변기 뚜껑은 닫았나요? 샤워 후 바닥에서 수건을 주워 걸었나요?" 모든 것이 이 훌륭한 체크리스트에 담겨 있습니다. 문을 열고 나오기 전에 보도록 맨 위에는 이렇게 써 붙입니다. "확인할 것!" 이 훌륭하고 똑똑하게 고안된 체크리스트는 다음과 같이 끝납니다. "나는 확인했어요!" 아이가 나왔는데 화장실이 깨끗합니다. 이것은 단지 하나의 예일 뿐이지만, 수많은 소위 불가능성들, 말썽들, 비효율성들의 이면에는 이 아이들, 이 청소년들이 스스로 메시지를 이해하지 못하고, 정말로 성취할 수 있는 자신을 위한 작은 단계들을 찾을 수 없다는 사실을 깨닫는 것이 굉장히 중요합니다.

제 경험에서 또 다른 예를 들어보겠습니다. 상급학년 주요 수업을 시작하기 전에 아침 시를 암송하는 동안, 한 학생이 학용품이 담긴 자기 가방을 뒤적거리기 시작했습니다. 학급 전체가 아침 시를 암송하는 중요한 순간에 그 학생은 가방을 뒤지고 있었던 것입니다. 그리고 제가 그 앞에 섰을 때, 저는 화가 치밀어 오르는 것을 느꼈습니다. 시를 마친 뒤에 우리는 수업을 시작했습니다. 학생들이 각자의 작업을 시작했을 때 저는 그 학생에게 다가가 쉬는 시간에 이야기를 하자고 했습니다. 좋은 음색은 아니었습니다. 그러자 학생이 물었습니다. "왜요?" 제가 답했어요. "너는 아침 시를 하는 동안 온갖 딴 짓을 다 했잖아." 저는 몹시 언짢았습니다. 그러자 그 학생은 예쁜 눈으로 놀란 표정을 하고는 저를 바라보면서 말했습니다. "제가 정말 그랬어요?" 저는 깨닫지 못했습니다. 그 미묘한 순간에 이런 생각이 들었습니다. '애를 믿어야 하나, 말아야 하나?' (11학년이었습니다!) 저는 그 학생을 믿기로 했습니다. 그리고 말했습니다. "좋아, 네가 한 일을 정말로 깨닫지 못했다면, 너를 믿으마. 내일은 집중하렴. 그리고 가방은 책상 위에 놓지 말고 아래에 둬." 저에게 흥미로운 경험이었던 것은, 이 짧은 대화 뒤에 저는 그 학생과 남은 기간 내내 좋은 관계를 가졌다는 점입니다. 그 순간부터 그 학생은 제 말에 귀를 기울이는 능력을 갖게 되었습니다.

이 경험에서 제가 얻은 메시지는 우리가 많은 도발과 문젯거리에 둘러싸여 있다는 것입니다. 하지만 그 이면에는 더 잘하고 싶은데 할 수가 없고 정말로 작은 단계들의 도움이 필요한, 무엇보다 신뢰와 이해라는 도움이 필요한, 순수하고 종종 수줍어하면서도 하지 못하는 한 인간이 있습니다. 이 신뢰를 기반으로 대화를 시도해서 함께 전략을 찾아내는 것이 도움이 됩니다. "나는 네가 더 잘하고 싶지만 신체적 또는 영혼적 또는 다른 어떤 이유로 그렇게 할 수 없다는 것을 안다. 그럼에도 나는 너를 도울 것이다. 최선의 전략이 무엇인지 함께 알아내도록 노력하자." 오늘날 많은 청소년은 성장에 필요한 개인적인 관계를 경험한 적이 없기 때문에, 이런 대화는 개인적인 관계를 구축하는 데에도 도움이 됩니다.

이 주의력결핍증후군은 우리에게 하나의 도전 과제입니다. 아이가 가진 최선의 의지에 호응하고, 가능하다면 학교의사 또는 아이를 치료하는 심리학자, 부모, 일부 교사, 그리고 아이 자신까지 모여, 수업별로 좋은 전략을 짜기 위해 작은 협의 모임을 여는 과제 말입니다. 그런데 한 교실에 문제를 가진 아이가 5, 6명이 있다면, 그런 모임은 가능하지 않습니다. 따라서 치료 모임을 학교 안으로 통합시키는 게 더욱 더 중요해질 것입니다. 그 모임은 시간이 있고 관심을 가진 부모들과 도움을 주고자 하는 지역단체 사람들로 구성됩니다. 이 자원봉사 도우미들은 이 아이들을 데리고 가서 일대일로 1시간 또는 30분 동안 뭔가를 할 수 있고, 그러면 그 동안 학급 내의 긴장된 분위기는 좀 누그러질 것입니다. 이 아이들을 쫓아내는 것은 해결책이 아닙니다. 그리고 그냥 교실에 앉아 있게 하기 위해 그렇게 약을 많이 먹이는 것도 해결책이 아닙니다. 우리는 건강한 균형을 찾아야 하며, 적어도 몇 달 동안은 문제들의 균형을 잡으려는 의지를 가지고 그런 교실 주변에 묵묵히 서 있는 사람들의 도움이 점점 더 필요하다고 생각합니다. 그런 위기 상태는 보통 두 달에서 네 달 사이에 달라지는데, 그러면 더 이상 도움이 필요하지 않습니다.

천식이나 알레르기와 같이 증가하고 있는 질병에 대한 질문이 몇 개 있었습니다. 우리 시대의 의학은 대단히 놀라운 결실을 얻었고, 우리 시대의 사람들은 인류 발달사의 그 어느 때보다 더 오래 산다는 점을 강조하지 않을 수 없습니다. 따라서 의학이 나쁠 리는 없습니다. 분명 좋을 겁니다. 물질체는 이전 시대보다 훨씬 더 오래 생존할 수 있습니다. 하지만 문제는 이런 식의 보살핌이 나쁜 부작용을 낳는다는 것입니다. 우리는 외부로부터 물질체를 어떻게 보살펴야 하는지를 압니다. 그런데 우리는 내부로부터 물질체를 보살피는 지식을 잃어버렸습니다. 그래서 오늘날 우리는 신체 고유의 힘에 대한 신뢰 부족, 활동 부족으로 인해 발생하는 더 많은 질병을 겪습니다.

인지학 의학은 주류 의학이 확장된 것입니다. 물질로 된 몸에 대한 훌륭한 지식에 정신적 몸들에 대한 지식을 추가한 것이죠. 그래서 우리는 꼭 필요한 경우에만 물질적 측면의 도움을 사용하고, 그 대신 신체가 가진 고유한 재생의 힘들을 최대한 촉진합니다. 그런 이유로 예방접종, 항생제, 갖가지 신체적 자극을 남용하지 않습니다. 예를 들어, 제가 여기 머무는 동안 그랬던 것처럼, 아침마다 비타민 D가 함유된 우유를 마시는 것은 완전히 바보 같은 짓입니다. 그렇다고 저를 비난

하지는 마세요. 당연히 그것은 저를 좀 약하게 합니다. 제 몸은 빛과 제가 먹는 미네랄로 스스로 비타민 D를 생산하는 데 익숙합니다. 아기들은 상황이 다른데요. 하나 살펴봐야 할 것이, 어두운 숲이 많은 유럽에서는 그런 우유가 유용할 수 있지만, 여기 캘리포니아처럼 매일 햇볕이 잘 드는 곳에서는 그렇지 않습니다. 햇볕이 충분하면 스스로 생산할 수 있는 이 비타민 D를 왜 우유에 첨가하는지 저는 의아스럽습니다. 이것은 그저 어리석은 일일 뿐입니다.

신체가 활동을 하지 않고 받는 모든 것은 그 신체를 약화시키고 활동적이지 않게 만듭니다. 공짜로 무언가를 얻는다는 것은 활동 없이 그것을 취한다는 것입니다. 좋은 점이 있다면 에너지를 들이지 않는다는 것이고, 나쁜 점은 에너지를 강화하지 못한다는 것입니다. 그렇게 우리가 면역체계를 외부의 도전으로부터 보호하는 바람에 그 면역체계가 충분히 강화되지 못했고, 그래서 이토록 많은 알레르기 질병을 앓는 것입니다. 그래서 저에게는 그런 문제들이 늘어나는 것이 전혀 놀랍지 않습니다. 그것들은 늘어날 수밖에 없습니다. 여기도 마찬가지겠지만, 저는 유럽의 많은 의사들이 이 문제를 근본부터 새롭게 생각하기 시작하면서 "면역체계는 좋은 자극이 필요하다"는 노래를 부르게 되어 정말 기쁩니다. 동일화와 긍정적 분위기는 면역체계를 자극하는 데 도움이 되며, 신체의 고유한 자기 재생 능력을 통해 외부의 영향과 싸우는 법을 배우는 것도 마찬가지입니다. 물론 이 문제에서 우리는 양쪽의 적절한 균형을 찾아야 합니다.

다음으로 리탈린[21]을 복용하는 학생들을 학교에 받아들여야 하는가에 대한 질문이 있습니다. 물론 우리는 교실에서 우리가 감당할 수 있는 모든 학생을 받아들입니다. 그리고 발도르프 교육이 잘 이루어지고 아이가 선생님을 사랑한다면, 리탈린은 불필요해집니다. 이 약물은 큰 도움이 될 수 있지만, 너무 오래 복용하면 아이에게 습관성이 되는 첫 약물이 됩니다. 그러면 아이는 영혼과 의지 능력을 자극하기 위해 또 다른 약물을 사용하는 경향을 갖게 되는데, 이것은 그 약을 처방하는 원래의 의도에서 벗어나는 것입니다. 그래서 우리 의사들은 항상 올바른 전략을 찾기 위해, 또 안정 상태를 유지하는 아이의 고유한 능력을 북돋우기 위해 애를 씁니다. 앞서 말한 작은 단계들의 전략 같은 것을 동원해서 말입니다. 그런데 아이가 당분간 안정 상태를 유지할 수 없다면, 우리는 일정 기간 동안 리탈린을 처방해야 할지도 모릅니다. 하지만 저나 다른 바람직한 의사라면, 그렇게 하기 전에 먼저 커피를 조금 사용할 것입니다. 커피는 종종 리탈린과 동일한 효과를

---

21) 리탈린은 1944년 스위스 제약사 시바CIBA에서 내놓은 주의력결핍과잉행동장애(ADHD) 치료제로서, 미국의 경우 1990년대 초 ADHD 진단기준 완화로 리탈린 처방이 폭증했다. 최근에는 머리가 좋아지는 약으로 알려져 일반 아동에게도 처방이 늘어났으나 무기력증, 불면증 등의 부작용을 호소하는 사례가 증가했다.

내며, 두뇌의 대사 활동에 그렇게 깊이 침투하지 않습니다. 커피를 조금 마시게 해보세요. 그러면 그 아이들은 약간 어른처럼 되어 볼일도 보고 뭐든 전보다 낫게 해냅니다. 그렇게 되면 때로는 커피가 좋은 전략과 어우러져 충분히 도움이 됩니다.

태어날 때 또는 임신 중에 알코올의 영향을 받은 아이들과 체외 수정으로 태어난 아이들에 대한 질문도 있습니다. 점점 더 많은 아이들이 체외 수정으로 태어나고 있습니다. 저는 정말 이렇게 말씀드릴 수밖에 없네요. 여러분의 도움을 원하는 모든 사람을 돌봐주세요. 아이들이 겪는 어려움이 커지면 우리의 치료적 개입도 더 발전해야 합니다. 우리는 그런 아이들을 통해 더 나은 교사, 더 나은 인간이 되는 법을 배웁니다. 그리고 우리가 보살피는 아이들에게 필요한 것을 위해 우리가 할 수 있는 일이 무엇인지 알아내려고 노력해야 합니다.

저는 체외 수정을 통해 태어난 아이 중 다른 아이들과 전혀 다를 바 없는 아이들도 알고, 어려움이 많은 아이들도 알고 있습니다. 또한 정상적인 수정으로 태어났지만 극도로 어려운 아이들도 알고 있습니다. 그래서 저는 체외 수정을 두고 있을 수 없는 일이라고 말할 수가 없습니다. 그렇다고 저는 체외 수정의 옹호자로 보이고 싶지는 않으니, 오해하지 말

아주세요. 많은 사람이 그것에 반대한다고 말합니다.[22] 이 방법은 성공률이 15퍼센트 정도밖에 안 되고, 실패율이 80에서 85퍼센트에 이릅니다. 따라서 체외 수정이 매우 취약한 과정임을 알 수 있습니다. 그러나 부모가 체외 수정을 선택하고 아이가 이를 받아들여서 세상에 태어난다면, 그리고 부모가 아이를 발도르프 학교에 보내기를 원한다면, 우리는 이 아이를 만날 준비가 되어 있어야 합니다. 그리고 이 상황에서 최선을 다할 수 있어야 합니다.

이제 리듬에 대한 질문이 몇 개 있습니다. 한 가지 질문은 3주 에포크 수업과 4주 에포크 수업 중 상대적으로 어떤 게 더 나은가, 하는 것입니다.[23] 24시간은 자아의 리듬입니다. 7일은 반응, 건강 관련 반응, 공격에 대한 반응의 리듬이며 아스트랄체의 리듬입니다. 좋은 반응을 습관화하는 리듬은 7일씩 4번, 즉 한 달은 에테르체의 리듬입니다. 그리고 1년은 물질체의 성장과 확립의 리듬입니다.

---

22) 체외 수정은 논란의 여지가 있지만 전 세계 수많은 불임 부부들이 이를 통해 아이를 낳을 수 있었기 때문에 폭넓은 사회적 지지를 얻고 있다. 1959년 토끼의 체외 수정 연구가 성공한 데 이어, 1978년 첫 번째 시험관 아기가 태어났고, 그 뒤로 차츰 대중화되었다.

23) 발도르프 학교에서는 한 과목을 날마다 아침에 90~100분 동안 수업을 하며, 이를 주요수업 또는 에포크 수업이라고 부른다. 보통 4주가 한 에포크이지만, 상황에 따라 3주로 줄여서 진행하기도 한다.

그래서 여러분이 아스트랄체뿐만 아니라 에테르체에도 도달하길 원한다면, 그래서 생각과 감정상의 특정한 내용을 가진 작업이 실제로 에테르체로 들어가길 원한다면, 과목들을 4주간의 에포크로 더 길게 바꾸고 재구성해야 합니다. 물론 우리는 에포크 수업보다 더 많은 과목이 있습니다. 아주 쉬운 계산이지요. 하지만 에테르체에 도달한다는 정말 중요한 목표를 이루려면 과목들에 대한 새로운 질서를 찾아야 하며, 루돌프 슈타이너가 제안한 대로 여러 과목이 한 가지 내용을 이해하는 데 도움이 될 방식으로 과목들을 통합해야 합니다.

이것이 어떤 의미를 갖는지 보여주는 가장 아름다운 예는 7학년의 건강영양학 에포크입니다. 슈타이너는 이 건강영양학 에포크를 경제 생활에 대한 탐구와 함께 가르칠 것을 제안합니다. 젖소에서 나온 우유가 어떻게 아이스크림이 되는지, 대략 이런 식으로 생산의 경로를 살펴보면, 이는 소화 과정이 투영된 것에 다름아닙니다. 건강하게 기능하는 유기체에서는 모든 생산물, 모든 물질, 모든 영양소가 필요한 양만큼 필요한 곳으로 가는 길을 찾습니다. 그리고 좋은 경제 생활은 사회에 정말로 필요한 것을 제공하며 필요하지 않은 것은 제공해서는 안 됩니다. 이것은 인간 유기체의 건강 기능과 함께 경제학을 가르치는 아주 고무적인 방법입니다. 또한 경제 생활과 건강 생활에서는 계산을 하고 숫자를 다뤄야 합니다. 그래서 수학은 물론 약간의 물리학도 끌어들일 수 있습니다. 그런 다음 물리학 에포크 시간에 건강영양학 에포크 때 도입했던 이 물리학적 측면을 다시 기억 속으로 불러올 수 있는지 살펴볼 수 있습니다. 그러면 이것은 새롭게 활기를 줄 뿐 아니라 물리학 에포크도 단축시켜 줍니다.

교사회의 시간에 함께 앉아 우리가 어떻게 다양한 과목을 새로운 에포크로 새롭게 꾸며낼지를 발견하는 것은 멋진 일입니다. 하나의 에포크가 더 많은 영역을 통합하면 할수록 학생들에게 더욱 흥미로워지기 때문입니다. 그리고 4주 동안 수학만 하는 것은 지루하겠죠! 적어도 저에게는 그랬습니다. 하지만 다른 흥미로운 것들이 통합된다면, 모든 것은 더욱 활기를 띠고, 이 에포크 시간은 실제로 에테르체에 도달합니다. 이것은 우리가 새로운 에포크를 찾아낼 때에만 가능합니다.

그리고 방학 전에 종종 그런 것처럼 어중간하게 한두 주가 남았다면, 7일 또는 14일을 일종의 아스트랄체 원기 회복의 기회로 삼는 것도 좋습니다. 아주 잘 준비해서 흥미롭게 가르칠 수 있는 짧은 1주 에포크를 하는 거죠. 그리고 처음부터 이 엄청나게 흥미로운 과목이 오직 1주일밖에 없다는 것을 학생들이 안다면, 그들은 그 에포크를 통해 자극을 받아 과목의 내용에도 어느 정도 관심을 보일 것입니다. 그렇게 배운 것은 잊혀지지 않지요. 그것이 바로 아스트랄적인 효과입니다. 그리고 이 짧은 에포크에서 다룬 것이 여기저기 다른 에포크에서 다시 등장하면, 이것은 좋은 변화와 균형이며, 이 짧은 시간을 생산적으로 사용한 셈이 됩니다.

그리고 이런 리듬으로 물질체를 돌보는 것도 매우 중요한 일입니다. 연초와 연말에는 다음과 같은 사항을 성찰하는 것이 좋습니다. "올해에는 무엇을 하고 싶지?" "올해는 무얼 배웠나?" 이것은 생일 명상과 같은 것입니다. "이제 한 살 더 먹었는데, 지난 일년은 어땠지? 다음 일년에는 무얼 배우게 될까?" '올해의 행사'와 비슷한 무언가를 할 수도 있고, 이런 리듬을 기념하기 위해 '올해의 축제'를 이용하는 것도 물질체를 안정시킵니다. 마찬가지로 매일의 의례들과 주간의 의례들은, 특히 저학년들에게는 말이죠, 건강하고 민첩한 리듬을 북돋우며, 아이들이 하루하루의 질적 특성을 의식하게 되는 데 큰 도움이 됩니다.

주5일제 수업에 대한 테마도 있네요. 제가 조안 알몬[24]에게 다가오는 콜리스코 컨퍼런스[25]에서 5일 리듬이 가져올 영

---

24) 조안 알몬Joan Almon(1944-2019)은 메릴랜드에서 18년간 발도르프 유아교사로 일했고, 1999년 '아동기를 위한 동맹(Alliance for Childhood)'을 공동 설립한 뒤 이사로 활동했다.

25) 콜리스코 컨퍼런스Kolisko Conference는 발도르프 교육의 개념과 철학을 발전시키기 위해 교사, 의사, 치료사 및 학부모가 참여하는 국제회의이다. 첫 번째 발도르프 학교의 학교의사였던 오이겐 콜리스코Eugen Kolisko(1893-1939)를 기념하는 모임이기도 하다.

향과 그것을 극복하는 방법에 대해 이야기해야 하는지를 물었을 때, 그녀는 웃으며 이렇게 말했습니다. "이 테마는 미국에서 이미 얘기가 끝났어요. 당신은 이곳의 주5일제를 바꿀 수 없어요." 그래서 우리는 이 테마를 콜리스코 컨퍼런스에 포함시키지 않았습니다. 하지만 주5일제를 하는 경우에는, 주간 리듬이 2일(토-일)과 5일(월-금)로 구성된다는 것을 아는 것이 중요합니다. 이것은 몸의 원형에 맞는 것이 아니기 때문에 이상적인 리듬일 수 없습니다. 우리가 할 수 있는 최선책이 아니라는 말입니다. 이런 사실을 아는 것도 중요하지요. 그러면 관심이 있는 부모와 이야기를 나눌 수 있습니다. 예를 들어, 토요일에는 아이들이 학교에서 하는 것처럼 일어나 아침에 주말 숙제를 하도록 하면, 가정에서 학교에서 하듯 아침 활동을 할 수 있습니다. 아니면 여러 명의 아이들이 한 집에 모여 함께 이런 작업을 할 수 있습니다. 그렇게 하면 제대로 된 주말은 토요일 정오에 시작됩니다.

부모에 의해 이루어지는 그런 간단한 일이 금세 7일 리듬의 유지를 위한 변화로 이어질 수 있습니다. 6일을 일하고 하루를 쉬면 리듬이 안정됩니다. 모든 리듬에는 시작과 끝이 있으므로, 일요일이나 일곱째 날에 아무것도 하지 않는 것이 매우 중요합니다. 이것은 리듬을 탄력 있게 유지하기 위한 중요한 안정제입니다. 규칙적인 박자(beat)는 생명을 이끌어가지 않아요. 모든 생명의 리듬은 변칙적이고, 일정한 변칙성을 통해 탄력 있게 됩니다. 우리 몸의 리듬체계가 더 유연하면 할수록 외부의 공격에 더 잘 대응할 수 있습니다. 이 대응력은 이런 리듬에 포함된 변칙적인 요소를 받아들이는 능력을 말하는 것으로, 만약 여러분이 규칙적인 박자만 가지고 있다면 전혀 유연하지 않은 리듬을 가지고 있는 셈입니다. 예를 들어, 심장이 지나치게 꾸준히 같은 박자를 유지한다면, 심장전문의는 심장마비 후 리듬 장애를 겪는 경우보다 그런 상태인 사람은 사망 위험이 훨씬 더 높다는 것을 압니다. 이 경우 심장은 자신의 리듬을 위한 새로운 탄력성을 얻으려 합니다. 따라서 6일 동안 무언가를 하고 나머지 하루는 뭔가 다른 걸 해야 편안하고 확실하게 유연한 리듬을 얻는 데 자극이 됩니다. 물론 지금 이야기한 것들은 어른들에게는 다르지요. 지금 저는 어떻게 해야 아이들이 건강하게 형성되는지 이야기하고 있습니다.

이제 치아에 대한 질문 몇 개만 더 다루겠습니다. 치아가 너무 일찍 또는 너무 늦게 나온다면, 이것은 일반적으로 치아의 흰 부분[26]이 성숙해지는 것과는 아무 상관이 없습니다. 이 상아질 부분은 뼈처럼 성장하고 발달하며 재생되기 때문에 다른 것입니다. 그러나 재생되지 않는 부분은 6세에서 8

---

26) 어린아이의 턱을 찍은 엑스레이 사진을 보며 설명하는 것으로, 흰 부분은 유치 아래 자라고 있는 영구치를 의미한다.

세 사이에 성숙하는데, 이는 치아가 아직 턱 안에 있거나 이미 나왔어도 마찬가지이며, 심지어 유치 아래 묻혀 있어서 치과의사가 유치를 뽑아줄 때까지 기다려야 하는 경우에도 마찬가지입니다. 이 변칙성이 아이의 구성요소와 관련하여 의미하는 것은 다른 주제이지만, 제가 말씀드렸던 지성의 관점에서 본다면, 이 에테르체의 탄생에 대해서는 별로 할 이야기가 없습니다. 치아의 이 흰 부분이 광물화되어 사용할 준비가 될 때가 바로 신체의 이 부분으로부터 에테르체가 해방되는 때입니다. 물론 다른 아이들보다 더 똑똑한 아이들이 있지요. 우리 모두 알고 있듯이, 치아가 성숙해진다는 게 곧 뛰어난 지성과 기억력을 보장하는 것은 아닙니다.

그리고 이제 **마지막 질문은 제 남편[27]이 작년에 공유했던 달의 리듬인 50분, 그리고 45분 길이의 수업에 대한 것입니다.** 물론 정말로 의지에 도달하고 의지를 활성화하기를 원한다면, 50분 수업을 하는 것이 낫습니다. 하지만 45분은 이미 의지에 도달하는 문지방입니다. '분'이라는 단위는 감정의 리듬이고, 30분을 넘는 모든 것은 이미 리듬의 측면에서 의지에 도달하도록 의도된 것으로 이루어지기 때문입니다. 제시간에 시작해서 50분 뒤에 끝나는 것이 가장 좋겠지만, 아이의

---

27) 미하엘라 글뢰클러 박사의 남편 게오르크 글뢰클러Georg Glöckler는 독일의 발도르프 학교에서 수학과 천문학 상급교사로 오래 일했고, 한국에도 몇 차례 방문하여 강연했다.

나이와 집중력에 따라 그 과목을 다른 형태로 구성해야 예술적 요소, 지성적 요소, 행동의 요소가 올바른 방식으로 조합될 수 있습니다.

저는 이것으로 끝내고 싶은데요, 아직 몇 가지 질문을 다루지 않았기 때문에 정말 죄송하다는 말씀을 드립니다. 다른 질병들에 관련된 몇 가지 특별한 질문이 있었습니다. **신체적 건강**의 측면에서 볼 때 우리는 마법의 단어를 가지고 있습니다. 그건 바로 **활동**입니다! 물질체는 활동적이어야 합니다. 수동적으로 받기만 해서는 안 됩니다. 물질체는 스스로 움직여야지, 차를 타고 다니거나 해서는 안 됩니다. 그러나 영혼과 정신에 대한 모든 장애를 막기 위해서도 우리는 인간의 영혼과 정신의 힘을 실제 활동으로 옮길 방법을 찾아야 합니다. 인간이 스스로 활동을 더 많이 하고 더 잘 통제할 때, 신체, 영혼, 정신은 더욱 건강해집니다. 그래서 제가 나누고자 했던 모든 것은 이렇게 요약할 수 있습니다. "어떻게 하면 아이가 스스로 활동할 수 있도록 일깨울지 모든 측면에서 생각해보자. 그리고 우리 자신의 열정과 활동을 통해 이 활동을 자극하자."

이것이 제가 알고 있는 한, 모든 형태의 중독과 오남용을 처음부터 막기 위한 유일한 전략입니다. 중독과 오남용은 불만족이 증상으로 나타나는 것입니다. 사람들은 자신이 느끼고 싶은 대로 느끼지 못합니다. 활동적이고 의미 있는 삶을 즐기고, 관계를 맺으며, 고통을 느끼면서도 고통과 함께 작업할 수 있기를 바라는데, 그렇게 하지 못하는 것입니다. 이런 증상은 우리 시대의 많은 사람이 자기 자신을 찾는 데 어려움을 겪고 있음을 보여줍니다. 그들이 나쁜 사람이기 때문이 아니라 자기 자신을 찾으며 성장하기에 좋은 조건을 갖지 못했기 때문입니다. 아니면 그들의 조건이 너무 좋아서 배움을 위한 그들 스스로의 활동을 충분히 강화하는 데에 오히려 방해가 되었을 수도 있습니다. 그래서 우리는 가장 내적인 자아의 힘에 도달하기 위한 전략, 의지에 도달하기 위한 전략, 주의를 기울여 의지를 발전시킬 수 있는 전략 등을 찾기 위해 노력해야 합니다. 아이의 의지를 사랑하는 것, 아이가 자아와 세상 경험 안으로 들어가는 자신만의 길을 찾도록 돕는 것이 우리의 교육적 도전의 목표라고 말하고 싶습니다.

삽화 및 그래프의 출처

2강 인간의 배아 : Erich Blechschmidt, *Der menschliche Embryo*, Stuttgart: Schattauer Verlag GmbH.

2강 인간 대뇌의 미시적 단면 : Helma Thielscher-Noll & Hans Gerhard Noll, *Das Eltern-Seminar, Erziehen und Begleiten bis zum 10. Lebensjahr*, Verlag Gesundheit, 1996.

2강 날새앙쥐의 골격 : Wolfgang Schad, *Säugetiere und Mensch: Zur Gestaltbiologie vom Gesichtspunkt der Dreigliederung*, Stuttgart: Verlag Freies Geistesleben, 1971.

2강 인간과 동물의 앞다리 골격 : Thomas McKeen, *Wesen und Gestalt des Menschen*, Stuttgart: Verlag Freies Geistesleben, 1996.

2강 침팬지의 발달 : *Goetheanistische Naturwissenschaft*, Vol 4 *Anthropologie*, Wolfgang Schad, ed., Stuttgart: Verlag Freies Geistesleben, 1985.

3강 출생부터 20세까지 장기의 성장을 보여주는 그래프 : *Einführung in die Entwicklungsphysiologie des Kindes*, Heinrich Wiesener, ed., Berlin-Göttingen-Heidelberg: Springer Verlag, 1964.

3강 후반부의 그래프들 : Gunther Hildebrandt의 작업, Michaela Glöckler, *Gesundheit und Schule*, Dornach: Verlag am Goetheanum, 1998.

옮긴이의 말

미하엘라 글뢰클러 박사를 처음 만난 것은 옮긴이가 청계 자유발도르프학교에 근무할 때였다. 인지학 의학을 강연하기 위해 학교에 방문한 그녀에게 받은 첫 인상은 유쾌함이었다. 의학과 생리학에 대한 어려운 이야기를 풀어내면서도 유머러스한 표정과 몸짓으로 청중의 폭소를 이끌어내는 그녀의 모습은 이후 옮긴이가 참여했던 태국의 인지학 의학 컨퍼런스에서도, 스위스 괴테아눔의 세미나에서도 볼 수 있었다. 그녀의 강연은 거침없었지만 동시에 진지하고 사례가 풍부해서 늘 가슴에 와 닿았다.

발도르프 교육은 루돌프 슈타이너의 인지학적 인간학을 바탕으로 하기 때문에 인지학 의학과 밀접한 관련을 맺는다. 실제로 슈타이너는 교육이란 일종의 예방의학이며 의학은 실천적 교육이라고 말한 바 있다. 우리가 아이들을 기르고 가르치는 모든 행위가 아이들의 건강에 중대한 영향을 끼친다는 말이다. 따라서 인간에 대한 제대로 된 이해 없이 아이들을 만나는 것은 사실 위험한 일이다. 교육은 이렇게 해도 되고 저렇게 해도 되는 것이 아니기 때문이다.

이 강연이 행해진 1998년 이후 세상은 더 급격하게 변했다. 인터넷이 대중화되고 스마트폰이 널리 보급되면서 오늘날의 아이들은 완전히 새로운 세상에서 살고 있다. 많은 부모와 교사들 역시 혼란스러울 수밖에 없다. 미디어의 홍수 속에서 아주 어린 시절부터 전자기기에 중독되는 현상을 흔하게 볼 수 있다. 그로 인해 주의력결핍장애, 학습장애, 정서장애 문제는 더욱 심각해졌으며, 나아가 전 사회적인 도덕성의 붕괴가 벌어지고 있는 것은 아닌지 염려스러울 정도이다. 이처럼 혼란스러운 시대에 중심을 잡기 위해서는 근본적인 질문을 던지는 수밖에 없다. "과연 우리는 교육을 통해 아이들의 필요를 충족시켜 주고 있는가? 우리는 진정으로 아이들을, 인간을 이해하고 있는가?" 이 질문에 대한 답은 늘 새로워야 하며 진실해야 한다. 그런 의미에서 발도르프 교육은 여전히 현대적이다.

글뢰클러 박사의 《발도르프 치유교육》을 번역할 수 있게 되어 몹시 기쁘다. 오랫동안 이 책의 번역을 기다렸는데 마침 한국 인지학출판사의 권유가 있어서 기쁜 마음으로 작업을 진행할 수 있었다. 이 책이 아이들에 대한 우리의 사랑을 새롭게 점검하고 배우는 기회가 되었으면 한다. 번역을 제안하고 원고를 면밀히 검토해 주신 이정희 박사님과 여상훈 선생님께 깊은 감사의 말씀을 전한다.

2021년 2월 봄을 기다리며
김훈태